AF589581

RECUEIL

DES

TITRES AUTHENTIQUES

CHARTES, PRIVILÉGES, FRANCHISES,
ACTES DE CONCESSIONS, RÈGLEMENTS DIVERS,
DÉLIBÉRATIONS DES CONSEILS MUNICIPAUX,
PROTESTATIONS ET ENQUÊTES

CONCERNANT

LES MINES DE FER DE RANCIÉ

(ARIÉGE).

A L'APPUI DE LA DEMANDE D'UNE COMMISSION SYNDICALE
ET DE L'OPPOSITION
AU PROJET D'ÉTABLISSEMENT D'UN COULOIR OU PLAN INCLINÉ,

Réunis par les soins de M. Raymond BARBE
PROPRIÉTAIRE ET MEMBRE DU CONSEIL MUNICIPAL DE VICDESSOS

Le 8 septembre 1865.

TOULOUSE
TYPOGRAPHIE DE BONNAL ET GIBRAC,
RUE SAINT-ROME, 44.

1865.

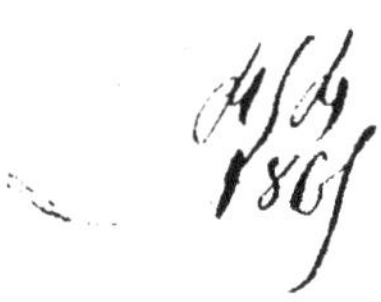

PREMIÈRE PARTIE.

—

TITRES AUTHENTIQUES

CHARTES, PRIVILÉGES, FRANCHISES ET ACTES DE CONCESSIONS

ÉTABLISSANT

La Propriété des Mines de fer de Rancié

EN FAVEUR DES HUIT COMMUNES DE L'ANCIENNE VALLÉE DE VICDESSOS.

Les habitants des communes de Vicdessos, Sem, Goulier-Olbier, Auzat, Saleix, Orus, Suc-Sentenac, Illier-Laramade, propriétaires-concessionnaires des mines de fer de Rancié, opposants à la construction d'un chemin de fer proposé par la Compagnie Palotte et Durozey, de Pamiers; les conseils municipaux de ces diverses communes qui demandent, depuis quatre ans, la nomination d'une commission syndicale, en vertu de l'article 70 de la loi du 18 juillet 1837, pour s'occuper de l'administration des mines, propriété commune, ont voulu éclairer le Gouvernement sur la véritable position des parties.

Ils ont réuni tout ce qui concerne l'existence de la mine, les diverses réglementations qui ont été faites par l'autorité administrative pendant plus de trois siècles, les enquêtes, les oppositions, les délibérations, etc.

Ils ont confié le soin de faire imprimer ces documents à M. Barbe, l'un d'eux, habitant de Vicdessos; et ils ont pleine confiance dans la haute sagesse de Messieurs les Ministres de l'intérieur, et des travaux publics, de l'agriculture et du commerce.

Vicdessos, le 1er septembre 1865.

R. BARBE.

TITRES

DE LA PROPRIÉTÉ DES MINES DE FER DE RANCIÉ

(ARIÈGE) (1).

Chartes de Roger-Bernard (1272 et 1293) et de Gaston Phœbus (1332), comtes de Foix.

CHARTE DE 1332.

NOTA. — La charte qui suit, donnée par Gaston Phœbus en 1332, cite et reproduit textuellement, en les confirmant et en les étendant, les chartes concédées par Roger-Bernard, son aïeul, en 1272 et 1293.

A tous faisons savoir que nous Gaston, par la grâce de Dieu, comte de Foix, vicomte de Béarn et de Castelbon, assisté de nos amés et féaux le sieur Manal, Raymond de Durfort, chevalier notre sénéchal, et notre curateur Arnaud-Guilhaume, seigneur de Barbazan, Pierre de Mérent, damoiseaux, et M. Raymond Guilhaume de Mascaresio, notre procureur-général, après avoir pris leur avis et en avoir mûrement délibéré avec eux, nous étant assuré que nous en avions le droit, sans être trompé ni circonvenu, ni entraîné par erreur de droit ou de fait; mais gratuitement, par

(1) Les titres établissant la propriété des mines de Rancié en faveur des communes de la vallée de Vicdessos sont fort nombreux. — Tous les rois de France ont successivement confirmé et renouvelé les concessions faites par les comtes de Foix. — Nous avons dû nous borner, pour le moment, à publier les chartes des comtes Roger-Bernard et Gaston Phœbus qui sont les plus anciennes et les plus importantes. Ecrites en latin, et très peu répandues, ces chartes si précieuses étaient inconnues de la plupart, mais désirées par tous. Le peu de soin qu'on a mis jusqu'ici à les conserver et à les populariser, la crainte de les voir disparaître, le désir de les graver dans tous les souvenirs, enfin le profit que le pays peut en tirer, dans les circonstances présentes... nous ont fait un devoir de faire imprimer la traduction de ces chartes que nous avons copiées sur des titres authentiques.

un effet de notre volonté et de notre libéralité ; de l'avis et du consentement des susdits et avec connaissance de cause :

Nous confirmons, approuvons et tenons pour agréables et ratifiées, promettant de les tenir et de les faire tenir par nous et nos héritiers à jamais et irrévocablement, sans dol ni fraude, toutes les libertés et concessions autrefois faites, à bon droit, aux habitants de la vallée Dessos, à tous et à chacun de ladite vallée de notre comté de Foix, par magnifique Roger-Bernard, notre aïeul et seigneur d'heureuse mémoire, telles que lesdites concessions et libertés sont stipulées dans des actes qui nous ont été exhibés à nous et à nos conseillers, desquels actes nous avons pris lecture et dont la teneur suit plus bas.

Lesdites coutumes et libertés sont pleinement maintenues, nous réservant et conservant les mêmes prérogatives que s'était réservées notre aïeul à cet égard, comme tous autres droits qui pourraient nous appartenir.

Mais, vu que notre père avait mis, nouvellement, empêchement sur la pierre ferrue de nos mines, afin que les habitants ne pussent extraire ladite pierre ni la faire extraire de nos dites mines sans payer certains droits pour chaque charge de ladite pierre, les susdits habitants assurant qu'ils peuvent extraire et faire extraire ladite mine et la travailler suivant leur volonté, dans ladite vallée, sans nous avoir jamais donné et sans être tenus de nous donner aucun droit ; disant, de plus, qu'ils en sont en possession comme ils l'ont toujours été dans les temps les plus reculés et, depuis si longtemps, qu'il n'existait aucune mémoire du contraire, et que c'est à raison desdites libertés et concessions, comme il est dit, accordés par notre aïeul, que les clauses qui suivent ont été ajoutées aux autres déjà accordées par notre *aïeul.*

Nous donnons, accordons et transportons aux consuls et à toute la généralité, à tous et à chacun des habitants de la dite vallée et à vous notaire soussigné, stipulant comme dessus pour les bornes, limites et appartenances et juridiction de ladite vallée, *tout le territoire cultivé et non cultivé*, *les montagnes*, *les rivages*, *les pâturages*, *les bois*, *les bruyères dans toute leur étendue* jusqu'au pas *d'Aris* et au chemin détourné par où l'on va ou qui conduit à Siguer, jusqu'aux ports et à la cime des monts où commence l'eau versant de notre côté et du côté de notre terre *Dessos*, et c'est ainsi que nous fixons lesdites limites, appartenances et juridiction de ladite vallée, aux habitants présents et à venir, voulant que les consuls de ladite vallée, de concert et solidairement avec notre bailli, exercent leur pouvoir dans ladite vallée, qu'ils puissent instruire et juger toutes les causes civiles et criminelles sans empêchement; accordons aux susdits habitants et à chacun d'eux plein pouvoir *de pêcher, de se baigner, de puiser de l'eau dans toutes les fontaines, ruisseaux et rivières, de s'en servir pour les irrigations ou pour les usines, de faire des charbons, d'écorcer les arbres et de faire paître leurs troupeaux;* d'en user et jouir et d'exercer tous autres usages nécessaires, utiles et volontaires dans les limites ci-dessus désignées; de défendre vos limites contre qui que ce soit qui veuille vous troubler et vous inquiéter; accordant en outre, aux mêmes habitants, *tout le territoire* et tout ce qui se trouve compris dans les susdites limites, *franc, libre, sans aucun assujettissement, avec toutes les libertés et tous les usages* de *franc-alleu.* dont vous ou vos prédécesseurs avez joui jusqu'à ce jour; e vu que les mêmes habitants disent et allèguent audit comte, au sujet desdits priviléges et concessions, qu'il leur était permis d'extraire de nos mines ladite pierre ferrue et la travailler librement dans ladite vallée, Nous, après en avoir conféré et délibéré avec nos conseillers, persuadé que lesdits habitants agissent de bonne foi et d'après le dire de leurs pères, comme lesdits assurent qu'il leur est permis d'exploiter librement et sans aucune redevance à Nous ou à nos prédécesseurs lesdites mines pour l'extraction ou la fabrication desquelles, dans ladite vallée, nous reconnaissons qu'ils ont joui de ces avantages pendant la vie entière de notre prédécesseur et avant et après, et jusqu'au temps de l'empêchement susdit; et considérant qu'un Prince doit plutôt étendre que restreindre les priviléges et leur donner l'interprétation la plus favorable et la plus étendue, déclarons, *lever ledit empêchement par cet acte qui aura valeur à jamais;* et accordons, même de nouveau, auxdits habitants de ladite vallée et à vous notaire soussigné, stipulant et acceptant ces concessions et autres dont nous parlerons plus bas :

« Que les habitants de ladite vallée et leurs successeurs à
» perpétuité, pourvu toutefois qu'ils habitent dans ladite vallée,
» ont et ont eu le droit d'exploiter les mines de fer qui se trou-
» vent dans le rayon dont les bornes ont été indiquées plus haut,
» de les mettre en œuvre suivant leur volonté, toujours cependant

» dans ledit rayon, sans aucune redevance de *leude ou de péage,* » *de forestage, de récompense, ou tout autre impôt,* quel qu'il » soit et sous quelque prétexte que ce soit, et de vendre le minerai » dans la vallée et non hors de ladite vallée, leur étant défendu » de vendre *librement* à des étrangers ledit minerai s'il n'est mis » en œuvre dans ladite vallée; s'il était contrevenu à cette dis- » position, qu'ils nous paient les droits que les étrangers à ladite » vallée nous en paient et sont tenus de nous en payer (1). »

Quant à ce qui concerne les habitants de ladite vallée et dans ladite vallée, Nous, comte de Foix, promettons de maintenir, conserver et compléter irrévocablement et à jamais les susdites concessions et libertés, nous engageant à n'y jamais contrevenir à cause de *minorité*, et nous jurons, en mettant réellement et librement la main droite sur les saints Evangiles, de maintenir sous les garanties de droit et de fait les libertés, concessions et franchises accordées expressément par notre aïeul susdit, voulant que toutes et chacune desdites libertés, concessions et franchises soient tenues comme renouvelées expressément dans le présent acte, qu'elles aient la même force et valeur que si elles étaient réitérées et répétées spécialement et mot à mot; voulons, en outre, que toute

(1) NOTA Cette partie de la charte est très-claire et très-précise.

Le comte de Foix reconnaît que ce serait à tort que son père aurait voulu mettre un droit sur le minerai que les habitants peuvent et ont pu (*posse* et *potuisse*) extraire la pierre ferrue dans les limites de la vallée, la mettre en œuvre suivant leur volonté dans lesdites limites sans aucun leude, péage, forestage et autres prix quelconques, pour quelque raison et sous quelque couleur que ce soit, et, de cette pierre, faire de la marchandise dans les limites de la vallée et non dehors; mais qu'ils ne puissent la vendre aux étrangers non travaillée, soit dans la vallée, soit dehors, sans être tenus de lui payer ce que paient les autres existant hors de la vallée, c'est-à-dire que, de même que le propriétaire de Chateau-Verdun et des mines qui y étaient ne payait pas, au comte de Foix, de droit de leude ou autre pour le minerai extrait de ces mines et employé dans ses forges, mais qu'il payait ces droits pour le minerai destiné à d'autres forges que le siennes, de même, les habitants de la vallée de Vicdessos, reconnus propriétaires de mines ou en jouissant exclusivement, ne devaient payer aucuns droits, dans tout l'intérieur de la vallée, pour le minerai employé dans les forges de la vallée et pour le fer (mercaria), mais que s'ils vendaient la mine, soit dans les limites de la vallée, soit dehors, au pas de Sabard à un étranger, alors ils étaient tenus de payer ce que payaient les autres propriétaires de mines. Ceci prouve évidemment que toute la vallée était considérée comme un propriétaire, et est d'ailleurs conforme à la justice puisqu'ils étaient traités à l'égal d'un propriétaire.

interprétation du présent soit à l'avantage des susdits habitants, qu'on ne cherche point à y trouver erreur ou lacune pour infirmer ou attaquer quelqu'une des libertés susdites, telles que nous les avons accordées et octroyées, voulant qu'elles aient force et valeur.

Or, telle est la teneur de l'acte susdit :

Charte de 1293

« L'an de Jésus-Christ mil deux cent quatre-vingt-treize, Philippe, régnant en France, à tous présents et à venir, faisons savoir : que nous Roger (Bernard), par la grâce de Dieu, comte de Foix, vicomte du Béarn et de Castelbon, sans violence ni dol de la part de qui que ce soit, mais en effet par notre libéralité, sans y être porté par la ruse, par la séduction, par la fraude, par la persuasion, la fourberie, par des discours flatteurs d'aucune personne, mais par notre pure libéralité, avec connaissance de cause, gratuitement et par un mouvement libre de notre volonté, de notre plein droit et pouvoir pour nous et tous nos successeurs immédiats et à venir : de bonne foi et sans dol, nous confirmons, ratifions et approuvons toutes les immunités et franchises, promettant de les avoir pour agréables et de les assurer à perpétuité, telles qu'elles ont existé de tout temps, les renouvelant en cas de besoin par cet acte public, pour valoir et durer à jamais, agissant avec connaissance de cause, non par erreur, à vous Arnaud-Roger-Fabre de Pujol, Guilhaume Messache, Raymond Fabre et Guilhaume-Arnaud de Traversier, consul Dessos, et Guilhaume Lauza, Pierre de Massat, Arnaud Franca et Bernard de Carol Dessos, Raymond Cadrillo, impétrants et acceptants, sous sûre garantie *pour vous et pour la généralité et chacun des citoyens de toute la vallée Dessos présents et à venir,* comme elles sont confirmées et limitées plus bas, et à vous aussi notaire soussigné, impétrant et acceptant sous bonne garantie pour toute la généralité tous et chacun des citoyens de ladite vallée présents et à venir, toutes les coutumes, libertés, immunités et usages que nous vous avons déjà autrefois accordés et octroyés à vous ou à ladite généralité Dessos, comme il est dit dans un autre acte public, rapporté plus bas, fait et retenu par Raymond de Parsi, notaire public de Saint-Spars, scellé de notre sceau. Vu et attendu les *services nombreux et loyaux que vous consuls et autres de la vallée Dessos*, dont nous conservons le souvenir, que tous ou chacun de ladite vallée *nous avez tant de fois rendus*, que vous nous rendez ou que vous vous efforcez de nous rendre sans cesse, voulant vous donner à vous et à toute la généralité, un témoignage public de notre souvenir et de notre munificence, quoiqu'il ne soit pas proportionné à vos services et qu'il soit au-dessous de vos mérites ; c'est pourquoi, comme il convient de faire à ceux qui récompensent la vertu, Nous, tant pour nous que pour nos successeurs présents et à venir, avec connaissance de cause et non par erreur, en l'honneur de Notre-Seigneur Jésus-Chrit et de la Bienheureuse Marie, sa glorieuse Mère, et de toute la généralité Dessos, de tous et chacun de ladite vallée, ajoutant et voulant ajouter, avec raison, aux libertés et coutumes dont nous avons parlé, Nous *donnons, accordons et ratifions* toutes les susdites libertés et coutumes, promettant solennellement de les respecter et faire respecter inviolablement à jamais pour la généralité de ladite vallée présente et future et pour vous consuls et autres susdits, et pour vous notaire soussigné, impétrants et acceptants, sous sûre et bonne garantie, au nom de ladite généralité et de tous et chacuns de ladite vallée Dessos, nous engageant, nous et nos successeurs immédiats et à venir, de protéger et de défendre à jamais contre toute injure, violence, trouble, invasion et tous autres désagréments quelconques, tous et chacun des habitants de ladite vallée Dessos présents et à venir, ainsi que tous leurs biens, meubles et immeubles présents et à venir, tels qu'ils soient et en quelque lieu qu'ils soient.

» De plus, nous voulons, arrêtons, donnons et accordons à l'avantage de la liberté à ladite généralité et à vous notaire soussigné, impétrant et acceptant pour ladite généralité, que quiconque aura versé le sang d'un autre de ses mains impies et avec malice, et si la blessure a été légalement déclarée mortelle, il paie soixante écus toulousains. Si la blessure n'était pas mortelle, qu'il paie vingt écus toulousains seulement pour avoir versé le sang; il paiera en outre des dommages aux blessés, ainsi que les frais si on les réclame, et ce, d'après la connaissance desdits consuls.

» Celui qui aura levé contre quelqu'un un couteau ou tout autre instrument tranchant dans de mauvais desseins, sera tenu de nous payer, comme satisfaction, soixante écus toulousains, s'il n'a fait aucune blessure ni porté aucun coup, à moins que ce ne fût à son corps défendant et pour repousser la violence; mais s'il a porté des coups et fait des blessures, il sera puni et châtié suivant la gravité des cas et d'après la connaissance et le jugement desdits consuls.

» Nous voulons, donnons et accordons de la même manière que dessus qu'aucune personne de ladite vallée ou dans la même vallée, ne puisse en aucune manière être arrêtée soit pour dettes ou pour quelque crime et mise en prison par nous ou nos baillis, lors même qu'elle pourrait le craindre et qu'elle aurait donné caution ou qu'elle aurait voulu en donner pour suspendre les poursuites, suivant la connaissance desdits consuls, à moins qu'elle ne fût accusée d'un crime qui méritât le supplice ou toute autre peine corporelle que pourraient lui attirer ses aveux, et à moins qu'elle n'aie fait quelque tort ou quelque injure à nous ou à notre famille. Voulons et accordons que quiconque aura gardé une fausse mesure ou un faux poids, pour les choses qui se vendent au poids et à la mesure dans ladite vallée, et qui en aura fait usage par lui-même ou par d'autres, au désavantage de l'acheteur, soit tenu de nous payer vingt deniers toulousains par mesure.

» Accordons à tous les habitants présents et à venir de ladite vallée de faire passer et conduire le fer au-delà des ports, pourvu toutefois qu'ils paient les droits de gabelle.

» Voulons et accordons que nul ne vende publiquement de la viande dans ladite vallée s'il n'y habite, s'il n'y a une maison et s'il ne contribue aux tailles et dépenses du pays, à moins qu'il n'en ait obtenu la permission des consuls de ladite vallée, auxquels nous transportons le droit de l'accorder si tel est leur bon plaisir.

» Nous voulons et accordons que nul ne conduise et ne tienne ou ne puisse tenir ses bestiaux ou ceux des autres sur les montagnes Dessos, s'il n'est habitant de ladite vallée, et, s'il était contrevenu à cette défense, nous donnons et accordons à tous et à chacun des habitants de ladite vallée, le pouvoir et la faculté pleine et entière de chasser, de leur propre autorité, tous les bestiaux de quelque espèce qu'ils soient, nous réservant pour nous et les nôtres de pouvoir établir sur lesdites montagnes *deux cabanes contenant mille têtes à laine*, nous appartenant ou envoyées par notre ordre.

» Accordons et octroyons liberté pleine et entière à ladite généralité, et à vous notaire soussigné, stipulant et acceptant comme homme public, pour ladite généralité en son nom et pour elle, que ladite généralité puisse élire *quatre consuls* parmi les notables de la vallée qui, seuls, et solidairement et de concert avec notre bailli, instruisent et jugent toutes causes civiles et criminelles, nées ou à naître dans ladite vallée, et qu'ils en connaissent, comme il est mieux dit dans l'acte public dont nous avons parlé plus haut et dont nous parlerons plus bas. Lesdits consuls, d'après leur élection, prêteront serment entre nos mains ou entre les mains de notre sénéchal ou de notre bailli, d'agir fidèlement à notre égard et à l'égard du peuple de la généralité et de tous et chacun des habitants de ladite vallée et de tous autres, quels qu'ils soient, qui plaideront devant eux, et de régler comment les habitants procèderent en leur présence aux changements annuels, à moins que le peuple et toute la généralité ne le veuillent autrement.

» De plus : Nous donnons et accordons plein pouvoir à

tous et à chacun de ladite vallée de fabriquer et d'aiguiser tous les instruments de fer, de quelque nature qu'ils soient, comme ils voudront, et suivant leur volonté, en quel lieu que ce soit et par qui que ce soit, les ouvriers étant à leur choix, ne les astreignant pas d'aller à telle fabrique plutôt qu'à telle autre, sans s'en tenir à ce qui aurait été autrement réglé, et les dégageant des restitutions et promesses faites aux taillandiers avoués ou à leurs commis.

Donnons et accordons liberté pleine et entière au peuple et aux habitants de ladite vallée, de jurer la paix avec leurs voisins, et de faire réciproquement tous autres serments entre eux, nous réservant notre droit, comme par exemple si notre bailli ne consentait pas aux accords faits.

» Nous voulons, accordons et statuons qu'aucun habitant de ladite vallée ne puisse être appelé en jugement hors ladite vallée, par qui que ce soit, pour une cause quelconque, contrat ou obligation, commencées ou faites pour des délits ou des crimes même commis hors de ladite vallée et de ses limites, mais qu'il soit tenu seulement de comparaître à ce sujet devant les consuls et le bailli susdit.

» Voulons et ordonnons qu'aucun de nos exécuteurs de justice (avec le bâton) ou des exécuteurs de justice de notre comté, entre jamais dans ladite vallée pour y faire aucune exécution, qu'il n'y ait que ceux de ladite vallée qui puissent les faire, à moins qu'il n'y en ait pas dans ladite vallée ou à moins que ce ne soit pour exiger ou poursuivre *la rentrée des droits de fogage, de..... ou tous autres droits.*

» Donnons et accordons à tous et à chacun de ladite vallée pleine et entière liberté de faire et de construire des fours dans leurs maisons et au-dehors, dans des lieux leur appartenant et situés dans ladite vallée, pour y faire cuire leur pain et tout ce qui pourrait leur être nécessaire ; leur promettant et à vous notaire soussigné, impétrant et acceptant sous sûre garantie, de les faire jouir de ce privilége ainsi qu'il est dit.

« Voulons, accordons et ordonnons que nous ou qui que ce soit, tant nos baillis que nos officiers, ne puissent faire aucune défense aux habitants présents et à venir ou à quelqu'un des leurs, sur leurs mines ou à cause de leurs mines de fer dans ladite vallée et jusqu'aux limites fixées plus bas, à moins que les mineurs, les forgerons ou leurs garçons, les ouvriers et les chefs de forges travaillant dans lesdites mines n'agissent avec fraude et injustement, voulant qu'alors défense leur soit faite suivant la connaissance desdits consuls.

» Voulons et ordonnons que chaque habitant de ladite vallée fasse cuire son pain dans son four ou dans le four d'un autre, à sa volonté.

» Voulons et donnons pouvoir aux susdits habitants et à vous notaire soussigné, comme dessus, de vendre à d'autres habitants de ladite vallée et dans ladite vallée vos marchandises *sans payer aucun droit de leude.*

DONNONS, ACCORDONS et ordonnons aux consuls, *à toute la généralité*, à *tous* et à *chacun des habitants de ladite vallée* et à vous notaire soussigné, stipulant au nom desdits habitants, comme dessus, *pour confins, limites*, appartenances et juridiction de ladite vallée, tout le *terrain cultivé* et *non cultivé, montagnes, rivages, pâturages, bois, bruyères dans toute leur étendue jusqu'au pas des Aris* et au *chemin détourné par où l'on va et qui conduit à Siguer, jusques au port et à la cime des monts où commence l'eau versant de notre côté et du côté de notre terre Dessos ;* et c'est ainsi que nous fixons lesdites limites, appartenances et juridiction de ladite vallée, voulant que les consuls, de concert et solidairement avec notre bailli, exercent leur pouvoir dans ladite vallée ; qu'ils puissent instruire et juger toutes causes civiles et criminelles sans empêchement ; accordant aux susdits habitants et à chacun d'eux plein pouvoir de pêcher, de se baigner, de puiser de l'eau dans toutes les fontaines, ruisseaux et rivières, de s'en servir pour les irrigations et pour les usines ; de faire du charbon, d'écorcer les arbres, de faire paître leurs troupeaux, d'en user et jouir ; d'exercer tous autres usages nécessaires, utiles et volontaires dans les limites ci-dessus désignées, et de défendre vos limites contre qui que ce soit qui veuille vous troubler ou vous inquiéter; accordant, en outre, aux mêmes habitants, tout le territoire et tout ce qui se trouve dans lesdites limites, franc, libre, sans aucun assujettissement, avec toutes les libertés et usages de *franc-alleu* dont vous ou vos prédécesseurs avez joui jusqu'à ce jour.

» Accordant aux mêmes la franchise du marché de Vicdessos comme par le passé, ainsi que tous les usages, libertés anciennes et nouvelles dont eux et leurs prédécesseurs aient pu jouir; les ratifiant et approuvant de nouveau, voulant et promettant qu'elles aient à jamais force et vigueur; les déclarant irrévocables; renonçant expressément, et, après y avoir mûrement réfléchi, à toute exception, dol, erreur, ainsi qu'à la condition des choses non dues et qui seraient étrangères aux usages du pays et du palais: à toute coutume et à tout privilége établi et accordé à qui que ce soit ou qu'on pourrait accorder, et, enfin, à tout droit canonique et civil, et à tout avantage et secours qu'on en pourrait tirer en les expliquant avec subtilité ou par malentendu. Et sous prétexte que nous vous aurions fait à tous et à chacun de trop grands avantages, que la donation ou concession par nous faite auxdits habitants ne puisse jamais être affaiblie ou enfreinte en tout ou en partie et en aucune manière.

» Si, à l'avenir, un acte ou des actes, des voix des témoins, des donations et concessions ou tous autres titres sus-mentionnés, préjudiciels et nuisibles, paraissaient s'opposer au présent et semblaient sujets à interpellations, nous les cassons tous entièrement, les révoquons, les annulons, les déclarant nuls et de nul effet et les regardant comme cancellés, vains et de toute nullité, voulant qu'ils n'aient jamais et dans aucun temps ni force ni valeur; reconnaissant et voulant, en toute vérité, que tout ce que nous avons fait ou dit, que ce que nous dirions ou ce que nous ferions relativement à toutes les choses générales ou particulières que nous vous avons accordées ou concédées, obtiennent leur effet à perpétuité et soient inébranlables.

» Voulant, ordonnant et consentant expressément que le présent acte soit rédigé et puisse être rédigé en forme d'acte public par le notaire soussigné, toutes fois que besoin sera qu'il soit refait, s'il peut l'être mieux et plus utilement pour l'avantage de ladite généralité et de chacun d'eux, en ajoutant et diminuant suivant la connaissance de quelques sages, conservant toutefois la substance véritable dudit, voulant que cet acte, ainsi rédigé, ait force et valeur comme si d'ores et déjà toutes les clauses et conditions étaient spécialement exprimées et écrites. Au reste, s'il manquait ou s'il paraissait manquer dans le présent acte quelque article ou clause qui pût l'infirmer ou l'attaquer en tout ou en partie, nous voulons et ordonnons qu'il soit fait comme si elles y étaient pleinement et entièrement spécifiées, voulant que toutes et chacune des susdites choses accordées par nous avec connaissance de cause aient force et valeur, promettant de les maintenir et de les faire maintenir, de n'y jamais contrevenir par nous ou par quelques personnes par nous à ce commises de droit ou de fait, par surprise ou ouvertement. A vous susdits consuls de ladite généralité, à tous et chacun de ladite vallée, présents et stipulants, et à vous notaire soussigné, impétrant pour les habitants de ladite vallée, en leur nom et à leur place, nous promettons sur notre bonne foi et sous la garantie de tous nos biens et sans la moindre réserve, et plaçant, réellement et de plein gré, notre main droite sur les saints Evangiles ; Nous, consuls prénommés, jurons en notre nom et au nom de toute la généralité, et moi, Guilhaume Bajard, notaire public soussigné, comme homme public, au nom de toute la généralité et de tous ceux qui ont ou qui pourraient y avoir intérêt, stipulant et acceptant toutes et chacune des choses ci-dessus, déclarons accepter la donation et toutes autres choses générales ou particulières accordées libéralement ; nous les tenons pour agréables, les ratifions et les déclarons acceptées sous le pacte, la manière, la forme et les conditions prescrites.

» Nous, Roger-Bernard, comte de Foix, et cætera, retenons et réservons à nous et à nos successeurs qu'il puisse être appelé à nous de tout jugement rendu par les consuls, et que les causes d'appel qui nous seront déférées de leur part ou de celle du bailli, soient entendues et jugées par nous ou par les personnes que nous commettrons à cet effet. Voulons, en outre, que le premier acte des franchises et coutumes dont nous avons parlé plus haut soit inséré dans le présent.

» Or, la teneur du susdit acte dont nous avons parlé est comme suit :

Charte de 1272.

» Au nom de Jésus-Christ, faisons savoir à tous présents et à venir que nous, Roger-Bernard, par la grâce de Dieu, comte de Foix et vicomte de Castelbon, sans violence, sans surprise, mais à ce engagé par un effet de notre volonté spontanée et de notre plein gré, accordons et octroyons à jamais et irrévocablement pour nous et nos successeurs, à vous Guilhaume-Arnaud de Primi et à Pierre Fabre de Vic, Arnaud de Sauzeil et Bernard-Roger de Sauzeil, Pierre Traversier, à Calvet Fabre, à Raymond de Cadrillo *et à toute la généralité présente ou future de la vallée Dessos, toutes les libertés, franchises, us, usages et coutumes* tels que vous avez possédé du temps de Raymond Roger d'heureuse mémoire, jadis comte de Foix, et de nos autres prédécesseurs, et ce de telle sorte que vous ayez et possédiez à jamais les susdites libertés, usages et coutumes comme vous les aviez possédés avec plus d'avantage jusqu'à ce jour ; et nous vous l'accordons, comme on pourrait mieux le dire ou l'entendre, pour votre profit et votre utilité ; promettant de bonne foi de vous faire jouir à perpétuité de cette donation ou concession ; de ne jamais la révoquer par nous ou par quelques personnes commises par nous ; renonçant à tout droit canonique et civil et préjudiciaire, duquel nous pourrions nous aider pour enfreindre quelqu'une des clauses mentionnées, et au bénéfice de la *minorité*, pour la concession susdite et pour les articles dont parlerons plus bas.

» Nous délarons avoir reçu de vous en numéraire la somme *de treize cents écus toulousains* au moyen desquels nous nous tenons dûment payé et satisfait, renonçant à l'argent qui ne nous a pas été compté et qui serait dû; de plus, nous donnons et octroyons ces libertés à titre de donation entre-vifs, voulant que le juge que nous établirons dans notre Comté, quel qu'il soit n'entre jamais dans notre vallée Dessos pour y instruire une cause ou des causes, à moins que ce ne soit par votre volonté et votre consentement, et s'il y entre à ce titre, que vous ne soyez pas tenus de comparaître forcément devant lui en aucune manière; que le bailli, assisté d'autres gens de bien de la vallée susdite, ait le pouvoir de terminer, suivant les coutumes de la vallée, toute cause ou toutes causes commencées ou à commencer, de les concilier ou de les finir d'après les principes de droit; et que s'il arrivait que les causes ou questions ne pussent pas être terminées, comme il a été dit, à cause d'ignorance ou d'inexpérience de la part des susdits, le bailli choisira un homme sage qui, de concert avec les autres dites personnes notables de la vallée, puisse terminer, comme il avisera et bon leur semblera, les causes et questions commencées ou à commencer dans ladite vallée, comme un mieux à prendre. En outre, nous accordons et octroyons, à l'occasion de ce privilége, que celui qui aura été jugé dans la vallée n'en puisse appeler, si ce n'est de votre consentement et par votre volonté.

» De plus, nous accordons et octroyons, dans l'intérêt de votre liberté, que s'il arrivait que notre bailli Dessos ou ses assesseurs en appelassent à nous pour les causes et affaires commencées ou à commencer dans ladite vallée, vous soyez tenus d'obéir à la personne ou aux personnes que nous aurons établies dans la vallée Dessos pour juger l'appel.

« Accordons et octroyons que toute personne de la susdite vallée, » y habitant, portant ou conduisant des marchandises ou des » objets de commerce de quelque nature qu'il soient, ne paient

» aucun droit de péage pour le transit dans la ville de Tarascon, » lors-même qu'ils y feraient leurs ventes ; voulant que ce droit » vous soit acquis à jamais, comme il l'a toujours été. »

Vous accordons et octroyons que vous fixiez les confins et les limites de ladite vallée Dessos, que vous les possédiez librement et en paix comme au temps de nos prédécesseurs, et que vous puissiez les défendre vigoureusement contre toute personne qui voudrait vous troubler au sujet desdites limites, c'est-à-dire au pas des *Aris* et au chemin détourné qui conduit à Siguer, jusqu'aux ports où commence l'eau versant de notre côté.

Nous vous accordons et octroyons que toute personne de la vallée Dessos, y résidant, ne soit mise en vente, même par son maître, dans le comté de Foix ou dans tout autre lieu de notre juridiction, à moins qu'elle ne soit le principal débiteur ou la caution, lors même qu'elle s'y serait engagée, voulant qu'elle se retire saine et sauve, et que, sous notre bonne foi, elle invoque une juste punition sur ceux qui transgresseront le présent.

« Nous vous accordons et octroyons que si quelqu'un de ladite » vallée vend son bien, de quelque nature qu'il soit, dans la dite » vallée, il ne soit tenu à donner ou à payer aucun droit de *leude*, » étant reconnu que vous avez joui de cette prérogative sous nos » prédécesseurs, et par cet acte public, lequel doit avoir à jamais » force et valeur, nous vous donnons *possession pleine et entière* » sur tous et chacun des priviléges susdits, pour en user et jouir » selon votre bon plaisir et le bon plaisir de votre..... » ; renonçant à cette loi qui porte : Qu'une donation peut être révoquée pour cause d'ingratitude ; et à cette autre loi qui dit : Qu'une donation peut être révoquée entre-vifs ; et à cette autre loi qui permet de revendiquer un objet pour cause de lésion ; mais promettant de tenir et de faire tenir franchement, expressément la présente donation ou concession sous la garantie de tous nos biens. De plus, mandons et ordonnons à tous les baillis de notre comté de Foix qu'ils aient à observer et à faire observer, à maintenir et à faire maintenir chacun et tous les priviléges susdits, comme il est plus

2

amplement dit dans le présent acte public, et pour donner la plus grande force et authenticité audit acte public, y avons apposé notre sceau, et s'il arrivait que le dit sceau vînt à disparaître du présent acte, ledit acte conservera néanmoins toute sa force et valeur.

Fait sur la fin du mois de mars, la septième féerie, Philippe régnant de France, et Bertrand étant évêque de Toulouse, l'an de Jésus-Christ mil deux cent soixante-douze; témoins : G. R. de Rosa, Arnaud-Guilhaume de Fossat, militaire; Esquerre, habitant de Mirepoix, Bernard de Congon et Raymond de Farès, notaire public de Saint-Spars, qui a écrit le présent.

Fait au château de Foix, aux îdes de février, en présence de Raymond Baccala, de Château-Verdun, Jacques de *Anatato*, de Me Arnaud de Foix, de Pierre Alhon, et de Bernard de Lorda et de moi, Guilhaume Bajard, notaire public de Sabarthés, qui ai écrit le présent.

Pour copie conforme à la traduction minute que M. le préfet a fait faire.

Le conseiller de préfecture faisant fonctions de secrétaire général,

Signé : Sapia.

Transaction du 17 janvier 1355.

Sachent tous ceux qui verront et entendront le contenu au présent acte public : que lorsque noble et puissant homme Monsieur Raymond Dalbi, écuyer, seigneur de Gaure et sénéchal du comté de Foix, pour l'avantage commun de l'universalité des habitants du lieu de Vicdessos et de chacun d'eux en particulier, autant que pour l'utilité du comté de Foix et des affaires du comte, traitait et ordonnait que la mine de fer qu'on tire du minier de Sem, situé dans ladite vallée, peut être et fût licitement tirée et portée dans tout ledit comté; les consuls et autres habitants de ladite vallée prétendaient et disaient qu'ils avaient la liberté, franchise et immunité de ne laisser aller la mine que jusqu'au pas de Sabart, sans qu'on pût la porter ailleurs : liberté, immunité et franchise dont ils jouissaient de tout temps, sur quoi mondit sénéchal, assisté de discrètes personnes, maîtres Raymond Fabre, thrésaurier; Pierre Dulac, procureur dudit seigneur comte; et Germain de Solère, bachelier ex-lois, lieutenant de vénérable et discrète personne Monsieur Paul Bayle, juge ordinaire du haut comté de Foix, étant sous le portique de l'église principale de Vicdessos, où étaient encore présents Jacques de Fontaine, autrement dit de Cour Raymond Ortali, Jacques Ruffié et Guilhaume Cazals, consuls dudit Vicdessos, faisant pour eux et pour et au nom de leur consulat, Bernard Cazal, Arnaud Tapini, Pierre Solère, Me Bernard Desforn, Jean Scudier, Bernard Saleneuve, Raimond Laure, Me Guilhaume Barbe, Guilhaume Vacquié, autrement dit Roq, Raimond Delpy, Raimond Cathala, Bernard Solère, le plus jeune, Jean Pujol Arnaud, Vidalat Guilhaume, Boïchan, Pierre Jauze, Pierre Salvet, Pierre Auriol, Arnaud de Sauzeil, Arnaud Ferrière, Pierre Claustre, Bernard Hélie, Raimond Ortal, Pierre Benast, Jean Cortade, Raimond Auriol, Raimond Extaque, Guilhaume Rouzaud, Arnaud Cazal, Raimond Delane, Bertrand de Fontaine, de Vicdessos, hommes manants, habitants et originaires dudit lieu, assemblés par la voix du crieur public en la forme ordinaire, faisant la plus grande partie de toute l'universalité et du peuple, au sujet du traité et règlement à faire à l'occasion de l'extraction de la mine de fer, lesquels, après avoir délibéré, traité et accordé, sentant l'avantage et l'utilité tant de notre dit seigneur le comte que de l'universalité des habitants de ladite vallée et des autres lieux et villes dudit comté, et de chacun d'eux en particulier; et après avoir considéré que l'extraction de ladite mine ne porte aucun préjudice ni à la généralité de ladite vallée, ni aux particuliers d'icelle ; mais qu'au contraire il résulte et peut évidemment résulter un grand profit et avantage pour la généralité de ladite vallée et desdits particuliers, non-seulement de l'extraction de ladite mine, mais encore de la concession que doit leur faire mondit sieur sénéchal de certaines immunités, franchises et libertés ci-après.

C'est pourquoi lesdits consuls, tant pour eux que pour et au nom de leur consulat, et les autres hommes susnommés, assemblés en la manière et forme susdite, faisant la plus grande partie du peuple et des habitants, en présence de moi notaire et des témoins ci-après écrits. Etant dans ledit portique, sans être trompés par aucune fraude, ni ébranlés par la force ou par la crainte, et sans être induits ni séduits par un esprit frauduleux, mais de leur propre mouvement et bonne volonté, ayant entièrement empêché et rejeté toute apparence de fraude capable d'altérer, casser, rompre ou annuler en tout ou en partie la concession ci-après, ayant entendu, compris et senti les avantages qui en résulteront, ont voulu consentir par exprès et mis en pacte valide, qui vaudra à jamais par la stipulation qui interviendra, que d'hore en avant et dès ce jour et à l'avenir la mine de fer puisse et doive être extraite du trou et portée au-delà du pas du Sabart, et partout ailleurs dans ledit comté et au-dehors, suivant la volonté et l'ordre de notre dit seigneur le comte de Foix, avec cependant tel pacte et restriction que Monsieur le sénéchal, pour et au nom du même seigneur notre comte, donne, fasse donner et confirmer de nouveau par ledit seigneur notre comte, et pour toujours auxdits consuls et autres habitants de ladite vallée et à l'universalité d'icelle, les libertés, immunités et franchises contenues et exprimées dans certain cartel, qui a été tout présentement montré et produit, et dont la teneur suit :

Suit la forme en laquelle les consuls de Vicdessos veulent accorder que la pierre de fer de Vicdessos passe au-delà du pas de Sabart, malgré la liberté qu'ils avaient de ne pas la laisser passer au-delà dudit lieu.

Premièrement, ils demandent qu'avant tout le seigneur comte leur confirme et approuve, à eux et à tous et chacun des habitants de ladite vallée toutes et chacunes les libertés que le seigneur Gaston, de bonne mémoire, son père, et ses prédécesseurs leur ont attribué et accordé pour être éternellement durables.

En second lieu, qu'il leur accorde la liberté d'être exempts, dans tout le comté de Foix et son ressort, de tout paiement de leude et de tout impôt.

En troisième lieu, que les hommes de Viedessos et tous ses habitants puissent passer de la terre de Viedessos, vers la terre de Palhars, vicomté et comté de Palhars, avec leurs mulets, marchandises et animaux impunément, et sans payer quelque leude, gabelle, guidage ou guide. Qu'ils aillent avec eux en liberté dans toute la vallée pour conserver et garder et défendre le droit et la juridiction de la dite vallée; qu'ils pourront faire des réglements sur les choses susdites, sur les contrevenants ou ceux qui porteraient indûment des armes, sans même qu'il y eût occasion, et comme ils verront être expédient pour l'avantage de tous les habitants, puisque eux et leurs dits habitants sont journellement en danger à raison des nouveaux habitants qui viennent et se transfèrent induement dans la dite vallée : de plus que dans la dite minière on en usera de la manière et forme dont on use de la minière de Château-Verdun, et que ledit seigneur comte ni ses successeurs ne doive ni puisse en aucune façon, ni en aucune manière, donner, à un homme domestique, ou étranger, une minière de fer ou trou, soit nouveau soit ancien, dans ladite minière ou dans les appartenances de ladite vallée. De plus : Que la place commune de ladite vallée pour l'exposition de ladite pierre à vendre soit à Viedessos, au lieu commun appelé le pré de Vico, que personne ne puisse vendre ladite pierre ailleurs et que tous les hommes de Viedessos puissent emporter la pierre, savoir : un morceau de la dite pierre pesant trois quintaux, moyennant deux deniers tolzas, payables audit seigneur comte; comme ils ont accoutumé jusqu'ici de la porter à Sabart ou partout ailleurs, comme ils ont accoutumé de le faire : lesquels consuls et autres habitants, après la concession, don et ratification des libertés et immunités exprimées et contenues au susdit cartel, ont voulu que dès-lors la concession qu'ils ont ci-dessus faite d'extraire ladite mine vaille et sorte à effet, dès à présent comme dès lors, et dès lors comme dès a présent. Contre laquelle lesdits consuls et autres habitants ne pourront rien dire, proposer, ni alléguer qui puisse rendre chancelante, atténuer ou annuler ladite concession qu'ils ont promis de ratifier toujours, de n'y contrevenir ni consentir qu'on y contrevienne tant en jugement que dehors; bien plus, s'ils présumaient qu'on y contrevînt, ce qu'ils ne sauraient croire, ils ont voulu que toute audience soit refusée et que toute entrée judiciaire soit fermée : ils ont encore révoqué, cassé et annulé, la liberté et immunité qu'ils ont accordée de ne pouvoir emporter ladite mine au-delà dudit Pas, ne voulant pas qu'ils en jouissent en aucune façon; mais après qu'on aura accordé, donné et ratifié les libertés et franchises comprises et contenues dans ledit cartel, ils ont voulu que celle qu'ils ont cédée soit efficace et sorte à effet, et ont promis d'être les bons et fermes garants de tout ce dessus sous l'hypothèque et obligation des biens de la communauté et de chacun des habitants en particulier.

Après lesquels pactes, ledit seigneur sénéchal, du vouloir, consentement et conseil desdits Me Raimond Fabre, de Pierre Dulac et de Germain de Solère, considérant l'utilité, le profit et l'avantage que ledit seigneur notre comte de Foix aura, retirera et pourra retirer à raison et au sujet de l'exportation de ladite mine, soit dans la leude qu'il perçoit que dans d'autres parties, ayant accepté la concession faite par lesdits habitants, de son plein gré et de sa science certaine, instruit du droit et de l'avantage dudit seigneur notre Comte, ainsi qu'il a été dit, ayant vu et lu ledit cartel, considérant la bonne volonté desdits consuls, manants et habitants de ladite communauté, que tant eux que leurs prédécesseurs ont eu et ont envers ledit seigneur notre Comte et ses auteurs : en récompense soit de la concession qu'ils ont faite de l'exportation de la mine, que de plusieurs autres services et bonne volonté susdite, a donné et accordé auxdits consuls ou autres habitants de ladite vallée et à chacun d'eux présents et stipulant tant pour eux que pour leurs successeurs, qu'ils soient exempts, dans tout le comté de Foix et son ressort, de toute redevance et payement de leude et de tout autre impôt, lesquels pour, ou à l'occasion de leurs choses vendues ou exportées pour l'être, ils ne seront du tout point tenus de payer, avec cette restriction et réserve spéciale et expresse que pour la mine, que lesdits habitants ou quelqu'un d'eux emportera, ils payeront la leude comme les autres étrangers qui exporteront la mine, payeront et devront payer de même, ils seront tenus de payer la leude du fer fait de ladite mine comme les personnes qui habitent en dehors de ladite vallée, payeront et devront payer, malgré la grâce qui leur a été ci-dessus faite de ne payer la leude pour quelle chose que ce soit. Plus, ledit seigneur sénéchal a voulu et accordé que dans ladite minière on use de la même manière et forme qu'on use de la minière de Château-Verdun : et que ledit seigneur Comte ni ses successeurs ne doive ni puisse en aucune façon, ni en aucune manière, donner à un homme, domestique ou étranger une minière de fer ou trou, soit nouveau, soit ancien dans ladite minière ou dans les appartenances de ladite vallée. De plus, que la place commune de ladite vallée pour faire l'exposition de ladite pierre de mine qui sera à vendre soit au lieu commun appelé le pré de Vic, et que ladite pierre ne puisse être vendue ailleurs par personne ; et que tous les hommes de Vicdessos puissent emporter la pierre, savoir : un rocher de trois quintaux pour deux deniers tolzas payables au seigneur Comte, pour la leude : au pas de Sabart ou partout ailleurs, comme ils ont accoutumé de l'y porter. Les libertés ci-dessus ayant été ainsi accordées, ledit seigneur sénéchal, pour et au nom dudit seigneur Comte, et autant qu'il le peut, a voulu qu'elles fussent fermes, bonnes et stables, et observées tant en jugement que dehors, et que lesdits consuls, habitants dudit lieu et chacun d'eux puissent user, se servir, se protéger et défendre, des libertés et immunités qu'il leur a concédées, mandant aux fermiers de la leude, aux baillis et autres officiers, par la teneur du présent acte public, qui sont actuellement et à ceux qui seront à l'avenir, et à chacun d'eux, de n'inquiéter, troubler et molester les susdits consuls et habitants dudit lieu ni aucun d'eux dans les libertés et franchises qui leur ont été accordées, mais de les en faire user et jouir librement ainsi et selon la donation et concession qu'il en a ci-devant faite.

Promettant aussi qu'il fera en sorte et donnera ses soins pour que ledit seigneur notre comte de Foix ratifie et confirme effectivement les susdites libertés et immunités qu'il a accordées, ainsi que toutes celles qui sont décrites et contenues dans ledit cartel que ledit seigneur sénéchal aurait omis d'octroyer, lesquelles ledit seigneur notre comte de Foix accordera aux susdits consuls et susdits habitants. A voulu aussi ledit seigneur sénéchal qu'au cas ledit seigneur comte omettrait, ne voudrait point, ou refuserait de ratifier, donner et octroyer les franchises et immunités accordées et à accorder ainsi qu'elles sont exprimées, contenues et écrites dans le susdit cartel, les restrictions ci-dessus faites par lesdits consuls et habitants ainsi que chacun d'eux en particulier, restent dans le même état où ils étaient avant la concession d'exporter la mine, sans que la forme et le droit puissent mettre aucun obstacle auxdites concessions.

De tout ceci, tant ledit seigneur sénéchal que lesdits consuls et autres habitants susnommés ont requis le notaire ci-après écrit de leur recevoir l'acte public, ou publier instamment; ceci a été fait audit Vicdessos et au portique de l'église principale dudit lieu, le dix-sept janvier, régnant le seigneur Jean, roi de France, l'an du Seigneur mil trois cent cinquante-cinq, en présence et témoignage de Maître Sancier Marre et de Raymond Caze, notaire de Tarascon, et de plusieurs autres appelés pour ce dessus, et de Me Bernard André, notaire public de Mazères, et de tout le comté de Foix qui requis de tout ci-dessus en a retenu cet acte, et écrit dans son protocole pour lequel et de son ordre je Raimond de

Auzennio, notaire public de Mazères assermenté et substitut dudit maître Bernard André, ai écrit la même chose que j'ai fidèlement extraite dudit protocole sans en changer en rien la substance, et l'ai mise en cette forme publique : Et moi Bernard André, notaire susdit, ayant collationné ce dessus avec mon substitut, me suis souscrit et signé de mon seing.

Acte de concession de Louis XIV.

(Octobre 1659).

Louis, par la grâce de Dieu, roi de France et de Navarre, à tous présents et à venir salut ; nos chers et bien-aimés les manants et habitants de la vallée de Vicdessos, en notre pays et comté de Foix, nous ont fait dire et remontrer que de tout temps nos prédécesseurs rois et comtes du dit pays de Foix, en considération de leur fidélité et de l'assiette dudit pays qui est frontière et limitrophe d'Espagne, leur ont, entre plusieurs beaux et grands privilèges, immunités et exemptions, accordé l'exemption de payer aucun droit de leude et rentes, et faculté et permission de tirer des montagnes de la vallée la mine à fer en payant six deniers par chaque charge, desquels privilèges ils ont toujours joui et lesquels leur ont été confirmés en gros par la confirmation générale octroyée par Henry-le-Grand, notre ayeul, au mois de février mil six cent huit, à tous les habitants de notre dit pays et comté de Foix, de tous les privilèges accordés par nos prédécesseurs, tant rois que comtes de Foix. Lesquels privilèges leur ont été encore depuis confirmés par le feu roi notre très honoré seigneur et père, de glorieuse mémoire, par ses lettres patentes du mois de mars mil six cent onze, ci-atta chées sous le contre-scel de notre chancelière; néanmoins les exposants appréhendant d'y être troublés à l'avenir à faute de confirmation particulière, nous ont très humblement supplié confirmer particulièrement tous et chacuns les priviléges, franchises, immunités et exemptions à eux accordées tant en général qu'en particulier. A ces causes, désirant conserver ce que nos prédécesseurs ont accordé auxdits exposants et les favorablement traiter, nous aurions par ces présentes signées de notre main continué, approuvé et confirmé, continuons, approuvons et confirmons auxdits exposants tous et chacuns les priviléges, franchises, libertés, immunités et exemptions susdites pour en jouir et user par eux et leurs successeurs, tant ainsi que si elles étaient plus particulièrement spécifiées par le menu et comme ils en ont bien et dûment joui ci-devant jouissent et usent encore de présent. Si donnons en mandement à nos amés féaux Cons^ers^ les gens tenant notre Cour département de Toulouse, chambre des comptes et cour des aides audit ressort, et à tous autres nos justiciers, et officiers qu'il appartiendra que ces dites présentes ils ayent et fassent enregistrer purement et simplement, et du contenu en scellés fassent jouir et user lesdits exposants, et leurs successeurs pleinement, paisiblement et perpétuellement; cessans, et faisant cesser tous troubles et empêchements, au contraire : car tel est notre plaisir, et afin que ce soit chose ferme et stable à toujours, nous avons fait mettre notre scel à ces dites présentes, sauf en autres choses notre droit, et de l'autruy en toutes. Donné à Thle, au mois d'octobre mil six cent cinquante-neuf et de notre règne le dix-septième.

Signé : Louis, à l'original.

Le présent extrait a été tiré par moi secrétaire de la vallée dudit lieu de Vicdessos, soussigné, ce vingt-septième de mars mil sept cent dix. En foi de ce

Signé : Demallaurens, secrétaire susdit.

ÉDIT DU ROI LOUIS XIV

du 18 février 1696.

LOUIS, par la grâce de Dieu,

Roi de France et de Navarre, à nos amés et féaux conseillers les gens tenant notre cour département de Toloze, nos amés les maires et consuls de la vallée de Viedessos, nous ont fait exposer qu'en considération de ce que les habitants ont voulu résider dans ladite vallée, pays de montagnes, frontières et limitrophes d'Espagne, fort stérile et d'ailleurs fort misérable, les comtes de Foix, pour pouvoir faire habiter ce pays, afin de conserver la France par cet endroit, donnèrent à tous ceux qui l'habitaient pour lors et qui l'habiteraient à l'avenir, au lieu et place des prés, de champs et de vignes, plusieurs franchises, exemptions et immunités et particulièrement leurs montagnes, bois, forêts, terres cultes et incultes, usages nécessaires et volontaires, ayant été confirmés dans lesdites franchises et privilèges jusques à la réunion dudit pays à notre royaume par le comte de Foix, et encore par les Rois nos prédécesseurs, et par nous-même en l'année 1659.

Et quoique depuis plus de quatre cents ans ils aient eu la liberté de faire tirer de la mine des miniers qui sont dans leurs montagnes, et que la connaissance des entreprises et contraventions ait été attribuée et renvoyée à la justice des consuls de la vallée par des règlements faits aux années 1355 et 1414, même pour régler le prix de la mine parce qu'elle devait passer au lieu même de Viedessos, et où elle devait être débitée par les habitants dudit lieu aux étrangers qui devaient leur donner certain droit pour le port du minier jusqu'au dit lieu ; et pourtant les voituriers étrangers allaient prendre la mine au minier, en passant par le chemin de Cavallère, qui est un endroit éloigné de Viedessos, et font le prix avec les minerons tout comme bon semble à un chacun, sans aucun obstacle ni empêchement.

Mais l'on prétend à présent d'assujettir les minerons, pour régler tant leur travail que la mine qu'ils vendent à des étrangers et aux habitants même de Vicdessos, contre le droit des exposants qui ont un pouvoir par leurs priviléges, de terminer et finir toutes les contestations qui surviendront auxdits habitants et par conséquent de régler et taxer le prix de la mine pour épuiser toute sorte de procès entre ceux qui les vendent et ceux qui les achètent même des habitants, comme il a été pratiqué de tout temps; aussi ils ont porté tous les soins possibles pour conserver les miniers, ayant établi annuellement quatre préposés aux miniers, pourvu et remédié à tous les désordres qui sont venus à leur connaissance, sur les réquisitions des ouvriers des mines, qui ne peuvent se dispenser, non plus que le reste des habitants de la vallée de Vicdessos, de se soumettre entièrement à la justice des exposants, suivant leurs priviléges, tant en particulier qu'en général.

En effet, en l'année 1355, la mine ne pouvant être transportée au delà de Sabart, les habitants de la province de Foix ayant souhaité que la mine fût transportée dans toute ladite province, ils en demandèrent le consentement aux consuls de Vicdessos, qui la leur accordèrent, sous les conditions contenues en la transaction ou règlement de ladite année 1355.

Mais, au préjudice de ce droit si constamment établi, non seulement par ladite transaction de 1355, mais encore par le règlement de 1414; néanmoins, le sieur marquis de Cazaux, le sieur de la Facie et le sieur Teynier, maire de Tarascon, commissaires députés par l'assemblée des derniers Etats du pays de Foix, ont donné une ordonnance, le 18 janvier dernier, par laquelle ils privent les exposants de leurs droits et priviléges, car ils permettent aux minerons de vendre et débiter la mine à raison de huit sols la charge, tant aux habitants de Vicdessos qu'aux étrangers, qui est quatre sols le quintal de cent cinquante livres. Et, concernant la préférence due aux habitants de Vicdessos, ils ordonnent que cette préférence n'aura lieu, à l'égard desdits habitants de Vicdessos, que le matin et le soir; et que depuis les neuf heures du matin jusqu'à deux heures après midi, la préférence sera aux voituriers étrangers, prenant prétexte de ne pas rendre leurs voyages inutiles. Et, en cas que les consuls de la communauté de Vicdessos, et préposés aux mines, négligeraient de faire fournir, au prix susdit, la mine nécessaire, permet aux étrangers d'aller tirer de la mine du minier, et aux fermiers de la leude d'y établir des inspecteurs et y fournir des minerons étrangers. Et s'en prenant à l'intégrité du maire, l'un des exposants, en supposant qu'il prend peu de soin aux mines et une intelligence avec les préposés au minier, défendent audit maire de prendre aucune connaissance de l'exécution de ladite ordonnance, qu'ils renvoient aux consuls et communauté de Vicdessos ; et si leurs minerons se trouvent inquiétés par le maire, préposés et habitants de Vicdessos, ou autres, ils ordonnent qu'ils en porteront leur plainte aux syndics du pays, qui prendront le fait et cause pour eux, afin de poursuivre en justice, aux frais et dépens du pays, la réparation des dommages qui leur seront causés mal à propos, laquelle ordonnance a été signifiée aux exposants de la part des syndics généraux du pays de Foix, par exploit du dix-neuf du mois de janvier.

Mais d'autant que par lesdits règlements de 1555 et 1414, il est porté, que les consuls ordonneront ce qu'ils jugeront à propos, pour l'utilité des habitants de la vallée de Vicdessos, et leur attribue le pouvoir d'établir quatre inspecteurs ou préposés au minier, qui feraient leur rapport à la cour des baillis et consuls dudit Vicdessos, pour ordonner ce qu'ils trouveraient à propos ; que cette augmentation de prix est d'autant plus suspecte, que les commissaires qui ont rendu ladite ordonnance, sont propriétaires de forges, peuvent avoir été surpris, par leur intérêt propre et particulier, contre l'utilité publique ; qu'ils n'ont pas pu ébrécher la préférence attribuée aux habitants de Vicdessos par le règlement de 1414, fondée sur le consentement que les habitants donnèrent en 1555, que la mine fut passée au-delà de Sabart, pouvant en empêcher le susdit passage, et que ladite ordonnance est injurieuse au Maire, l'un des exposants le déclarant coupable d'intelligence avec les préposés aux miniers; ce qui ne se pouvait sans l'entendre, parce qu'on ne peut point noter un homme sans l'entendre, et qu'enfin lesdits trois conseillers des Etats n'ont pas pu ébrécher le droit, ni les priviléges des exposants, dont ils ont joui librement *depuis plusieurs siècles.*

Voudraient les exposants, être reçus à conclure comme appelant de l'ordonnance rendue par lesdits sieurs de Cazaux, de la Facie et Teynier, commissaires des Etats, dudit jour, dix-huit janvier mil six cent nonante-six; et en demander la cassation, tant par ladite voie d'appel, nullité, contravention aux réglements, que par toutes autres voies et moyens de droit; ce faisant, requérir d'être maintenus au droit et faculté de connaître, en première instance, primitivement à tous autres juges, de tous les cas et faits qui pourront survenir à l'égard des miniers et de la mine qui en sera tirée; préposés et minerons qui seront employés de régler et taxer le prix de la mine, et de donner la liberté de la débiter, à toute heure et jour que bon leur semblera; aux minerons et aux particuliers habitants de Viedessos, la vendre et acheter au prix qui sera réglé par les exposants, avec défenses de les troubler en la préférence, ni aux priviléges, franchises, droits et libertés, qui leur sont attribuées, par lesdits réglements de 1355 et 1414. Et requérir, l'adjudication de toutes leurs autres fins et conclusions, avec dépends.

A ces causes, nous vous mandons et enjoignons de, aux parties ouïes et duement appelées, administrer bonne et briève justice; mandons et commandons, en outre, au premier notre huissier ou sergent, sur ce requis, faire tous exploits requis et nécessaires. Car tel est notre plaisir.

Donné à Toloze, le dix-huitième février, l'an de grâce, mil six cent nonante-six, et de notre règne le cinquante-troisième.

Collationné :
DURIEU.

Par le Conseil :
ALBARUY.

Lettres données par noble et puissant seigneur Me Raymond Arnaud de Caudaraze, chevalier seigneur d'Aspet, sénéchal du comté de Foix, en l'année 1403.

(Le 20 août).

Sachent tous présents et avenir qui verront cet écrit que l'an, et jour bas écrit, en présence de moy, notaire et témoins bas écrits à Vicdessos, à la place publique dudit lieu, discrets personnages, Bernard de Saleix et Bernard Vital de Sentenac, consuls de la vallée Dessos, ont présenté et exhibé à Siméon Sage, bailli de ladite vallée, la présente année, pour le seigneur comte de Foix, certaines patentes données par noble et puissant seigneur Me Raymond Arnaud de Caudaraze, chevalier seigneur d'Aspet, sénéchal du comté de Foix et scellées de son sceau; lesquelles lettres étant reçues avec tout honneur et révérence et par moy, notaire, bas écrit, lues et publiées et expliquées, la teneur desquelles est telle : Raymond Arnaud de Caudaraze, chevalier seigneur d'Aspet, sénéchal du comté de Foix, à tous châtelains et baillis de Vicdessos et autres officiers dudit comté, salut; que tout usage et ancienne coutume, tous voituriers portant mine du minier de Sem, doivent porter et passer ladite mine au bout du pont de Vicdessos, pour y payer la leude audit seigneur comte, et ce, sous certaine peine applicable audit seigneur comte, ce, nonobstant le sénéchal, notre prédécesseur, au préjudice dudit seigneur comte, et contre la volonté des habitants de Vicdessos, à l'insu du procureur comtal, aurait donné licence aux hommes de Sem, de pouvoir passer ladite mine par le chemin appelé Cavalière, qui sort sur le pont appelé de la Ramade, et nous a été représenté que, sous prétexte de ladite licence donnée auxdits hommes de Sem, les autres voituriers portant mine passent par ledit chemin de Cavalière, au préjudice dudit seigneur comte et de la chose publique. Nous ayant supplié de leur pourvoir de remède convenable ; et nous, voyant leur requête être juste pour ce est-il que nous nous mandons, qu'à son de trompe, au lieu de Vicdessos et en autres lieux qu'il en sera nécessaire, et en ce requis, vous fassiez publier, que tous traginiers personnes à l'avenir fassent passer ladite mine proche le pont de Vicdessos et par le chemin ancien et non par le chemin de Cavalière. Et ce, nonobstant toutes lettres données par notre prédécesseur que nous révoquons par ces présentes et aussi sous peine de vingt livres, applicables audit seigneur comte de Foix, par le contrevenant et de ladite publication, et aurez, vous en fassiez retenir public instrument, et ce, pour cause donné à Pamiers le quatorzième du mois d'août mil quatre cent trois, lesquelles lettres ainsi lues, et expliquées audit bailli, en vertu desquelles aurait fait publier à son de trompe audit Vicdessos, comme est de coutume, en disant de la part de M. le sénéchal de Foix, est défendu à tout voiturier de faire passer la mine par le chemin de Cavalière, mais par le chemin ancien, sous peine de dix livres d'amende, applicable audit seigneur comte par le contrevenant toutes les fois qu'il y passera, et de laquelle publication et susdites choses ledit bailli à la requête desdits consuls a requis moy, notaire, d'en retenir public instrument, ce que j'ai fait; ces choses furent faites à Vicdessos, le vingtième du mois d'août, l'an du seigneur mil quatre cent trois, régnant Charles, roi des Français, en présence de Me Pierre Rauer fils, S. Lelie, notaire; Bernard Lelie, Raymond Baychon, Arnaud Salles, et de plusieurs autres de ladite vallée et de Me Raymond de Nhugues, notaire, audit Vicdessos, qui requis de ces choses, a reçu cette carte et mise en son protocole, et prévenu de mat n'a pu la mettre en forme publique; c'est pourquoi moy, Jean de Nhugues détenteur desdits protocoles, ai tiré fidèlement cette carte et mis en forme publique et mis mon scein public en témoins de ce dessus.

Collationné par moy soussigné sur l'original, à moy exhibé par

M. Demathieu Jean, consul, et par lui retiré après de sa colaon faite en présence des sieurs Jean Barbe, et Jean Bugard, du présent lieu, soussignés, avec ledit sieur consul à Vicdessos, ce premier de juin 1691.

Ont signé :

DEMATHIEU, *consul*, J. BARBE, BUGARD, VERGNIES père.

Délibération du Conseil, du 18 juillet 1709.

L'an mil sept cent neuf et le dix-huitième jour du mois de juillet, dans la maison commune de la vallée de Vicdessos, étant assemblés en conseil, les sieurs Vincent Vergnies, Jammés, Augé, consuls; Jean Amiel, Louis Descach, Jean Vergé, Jérôme Descach, Joseph Vergnies, Michel Cazes, Bernat Denjean, Jean Maury, Charles Ruffié, Jean Ruffié, Gaspa Dhers, Vital Maury, Arnaud Rouzaud, Jean Nadal, Séguélas, conseillers politiques de ladite vallée, auxquels a été représenté par ledit sieur Vergnies, consul, qu'il y avait un grand désordre sur le sujet des transports de mines et charbon avec les fermiers de Massat, Ercé et Aulus, et qu'il y avait plusieurs de nos habitants qui s'étaient plaints sur ce sujet et même que l'on allait contre les règlements faits sur ce sujet, et qu'il priait l'assemblée de délibérer.

Sur quoi, tous les susnommés unanimement ont délibéré que le sieur Vincent Vergnies, consul, et Charles Ruffié, se transporteront à Massat, Ercé et Aulus pour égaliser les poids et régler les désordres qui sont entre les habitants et les fermiers desdits Massat, Ercé et Aulus, ayant pour agréable tout ce que par eux en sera fait, citant aux dépends de la communauté pour l'observation de ce dessus; se sont signés ceux qui ont su.

Signé : VERGNIES, *secrétaire pris d'office*.

Ordonnance rendue par Me Vincent Ville, premier consul, portant taxe de la mine, et règlement pour le minier, du 14 septembre 1720.

Les consuls de la vallée de Vicdessos, juges ordinaires et causes civiles et criminelles et de la police pour le Roi ;

Ayant jugé à propos, vu l'augmentation des denrées, d'augmenter le prix de la mine pour procurer aux minerons qui travaillent à nos miniers, le moyen de pouvoir continuer d'y travailler, et n'ayant d'ailleurs que la taxe que nous aurions fixée sur ladite mine par notre ordonnance du premier juillet dernier, qui est de cinq sols par quintal, est trop modique, à quoi ayant égard, Nous ordonnons que jusques à nouvel ordre la mine sera payée par nos habitants, aux minerons travaillant à nos minières à cinq sols quatre deniers le quintal, poids de cent cinquante livres, voulant leur donner un tiers en sus du prix ordinaire, qui est de quatre sols ; ainsi que Sa Majesté a ordonné de donner à tous les travailleurs employés pour son service.

Défendons auxdits minerons de vendre ladite mine à plus haut prix sur peine de dix livres d'amende, pour la première fois et de vingt-cinq en cas de récidive, applicables lesdites amendes ainsi qu'il est porté par le règlement de 1414, laquelle taxe n'aura néanmoins lieu que pour les voituriers de notre juridiction, laissant pleine liberté auxdits minerons de la vendre aux voituriers étrangers, au poids qu'ils en conviendront de gré à gré et sans taxe, ordonnant auxdits minerons de bailler la mine à nos voituriers par préférence aux étrangers, sur les mêmes peines portées ci-dessus, et de plus grandes si le cas le requiert, offrant néanmoins de taxer ladite mine aussi bien pour les voituriers étrangers lorsque par eux nous en serons requis ; et, afin qu'il ne manque point de la mine pour charger tant la voiture de notre juridiction que du reste du comté de Foix, Nous ordonnons aux jurats de faire entrer les minerons au minier, savoir : depuis le premier mars jusqu'au premier novembre, à sept heures du matin, et à huit heures pendant le reste de l'année, afin qu'ils travaillent toute la journée pour faire autant de voltes que la nécessité le requerra, et défendons à tous les minerons de travailler en aucun minier pendant la nuit sur peine de vingt livres d'amende pour la première fois, et d'un mois de prison en cas de récidive ; défendons, en outre, à tout habitant du lieu de Sem de faire aucun magasin audit lieu, ni de vendre aucune charge de mine en aucun voiturier étranger, sur peine de quinze livres d'amende pour la première fois et de plus grande en cas de récidive, et ce, pour empêcher les monopoles que lesdits habitants font en arrachant toute la mine au minier pour la revendre dans leurs maisons, ce qui cause que la plus grande partie du temps les voituriers tant de la vallée que du reste dudit comté de Foix s'en retournent à vides, et finalement

Nous ordonnons : que tant notre présente ordonnance, que tous autres réglements faits sur ce sujet soient exécutés selon leur forme et teneur ; voulons que la présente ordonnance soit exécutée à la diligence des jurats en ce qui les concerne au minier, auxquels nous ordonnons de la faire publier et afficher audit minier, et qu'en outre nous ordonnons de rendre bonne et briève justice à tous ceux qui auront recours à eux, audit minier, et ce à peine d'être destitués de leur charge.

Fait à Vicdessos, ce quatorze septembre mil sept cent vingt.

Signé : VILLE, *maire et consul.*

Du mandement de Messieurs les consuls :

Signé : GALY, *secrétaire d'office.*

Délibération des consuls de la commune de Vicdessos, touchant la leude de la mine qui passe en Gascogne ; échange avec le Couserans, du 13 février 1732.

L'an mil sept cent trente-deux, et le treisième jour du mois de février, après midi, dans la maison de ville de la vallée de Vicdessos. De l'ordre de MM. les consuls, ont été assemblés en conseil politique Me Vincent Ville, assesseur ; MM. Jean Vergé, Joseph Vergnies, Gérard Ville, Jean Cazes, Jean Galy, Jacques Ruffié, Antoine Dandine, Antoine Dhers, Vincent Maury, Antoine Dhers del Cazal, Antoine Rousse, Antoine Vidal, Jeames Augé, Jacques Rouzaud, Charles Claret et Bernard Augé, tous conseillers politiques de la présente vallée, auxquels a été représenté par M. Joseph Déguilhem, premier consul, portant la parole pour les autres, qu'il est nécessaire de prendre les moyens les plus convenables pour obliger les fermiers de la leude, de tenir un bureau pour payer ladite leude, comme il est d'usage, de toute la mine qui se transporte dans la Gascogne, en échange avec du charbon, sur quoi il prie l'assemblée de délibérer.

De commune voix a été délibéré, qu'il est défendu à tous les voituriers qui apportent de la mine en Gascogne pour l'échange du charbon, de plus payer, à l'avenir, aucune leude à forfait aux fermiers, que seulement au commis qui sera par eux établi, au lieu accoutumé, à peine de trois livres d'amende pour la première fois, et plus grande en cas de récidive, et au cas rien serait attenté des fermiers de leude, au préjudice des privilèges de la communauté, règlement fait à ce sujet, MM. les consuls prendront le fait et cause pour la communauté et pour les particuliers plaignants de la vallée, et afin que personne n'en ignore, la présente délibération sera lue, publiée et affichée à la place publique du présent lieu, en la forme et manière accoutumée, et pour la validité de la présente se sont signés ceux qui ont su : Déguilhem, premier consul ; Ruffié, consul ; Delpy, consul ; Ville, assesseur ; Vergé, Vergnies, Ville, Cazes, Galy, Ruffié, Vidal, Vergnies, secrétaire, signés.

Le présent extrait a été tiré du livre des délibérations de la communauté de Vicdessos, par moi soussigné secrétaire et cotisateur d'icelle qui l'ai expédié et délivré ce jourd'hui quinzième février 1752.

Signé : Vergnies, *secrétaire et cotisateur.*

Délibération de la communauté de Vicdessos portant la nomination du sieur Jean Delpy pour inspecteur des mines, le 16 octobre 1740.

L'an mil sept cent quarante et septième jour du mois d'octobre, de l'ordre de Messieurs le maire et consuls, ont été assemblés en conseil politique, MM. Jean Cazes, procureur du Roi d'office ; Vincent Vergnies, curé de Vicdessos ; Louis Vergnies, assesseur ; Vincent Vergnies, avocat en Parlement ; Joseph Déguilhem ; Vincent Ville, avocat en Parlement ; Jacques Roques, Jean Rauzi, Jacques Ruffié, François Delpy, Antoine Dhers, Vincent Maury, Jean Rousse, Antoine Ruffié, Jeammés Augé, Jean Rouzaud, Antoine Vidal, Jean Vidal, Antoine Rousse et Bernard Augé, tous conseillers politiques auxquels a été représenté par M. le maire portant la parole pour les consuls, a dit que par la disposition de plusieurs réglements, anciens et modernes, et notamment par deux arrêts du conseil d'Etat des années 1719 et 1731, la connaissance de tout ce qui concerne la police et l'exploitation des mines est non-seulement attribuée aux baillis et consuls de la vallée, mais encore la nomination et le choix des préposés et inspecteurs pour la vérification de la mine, afin d'éviter qu'on n'en expose pas en vente qui soit de mauvaise qualité au détriment du public et des habitants de cette communauté, qui n'ont d'autre ressource pour subsister que l'emploi des mines ; et en exécution desquels règlements la communauté assemblée nomma pour inspecteur en l'année 1733, le sieur Etienne Rousse, qui a exercé jusques à sa mort sans nulle contradiction de personne, et comme cette charge d'inspecteur est actuellement vacante par le décès dudit sieur Rousse, et qu'il importe au bien public et celui des habitants de cette vallée que cette charge soit remplacée d'un bon sujet propre à connaître la qualité des mines pour les vérifier avant on ne puisse les débiter aux habitants qui sont maintenus en la préférence sur les étrangers par les mêmes arrêts de règlements, il prie l'assemblée de vouloir délibérer là dessus, son avis étant de nommer tout présentement audit emploi d'inspecteur le sieur Jean Delpy, ancien consul, auquel il donne son suffrage, à la charge par lui de prêter le serment en ses mains et en la forme ordinaire, et de bien et fidèlement exercer en Dieu et en conscience ladite charge d'inspecteur, et de vérifier la qualité des mines auparavant la vente qui en sera faite tant aux habitants de la vallée de Viedessos qu'aux étrangers ; et, au surplus, son avis est de députer à Perpignan MM. Vincent Vergnies et Vincent Ville, avocats en Parlement, pour faire omologuer par Monseigneur l'Intendant la présente délibération, et présenter tant audit seigneür Intendant que partout ailleurs où besoin sera, les mémoires nécessaires pour la réformation des abus qu'on a introduits aux miniers au préjudice des habitants de la vallée. MM. les consuls, du même avis de M. le maire, et tous les messieurs susnommés étant entrés en délibération, ont été, de commune voix, du même avis de M. le maire et consuls, et à cet effet ont signé ceux qui ont su : Vergnies de la Prade, maire ; Vergnies, premier consul ; Augé, consul ; Ruffié, consul ; Rouzaud, consul ; Vergnies, curé ; Cazes, procureur du roi d'office ; Vergnies, assesseur ; Vergnies aîné, Ville de Bénagues, Roques, Ruffié, Delpy, Vidal, Déguilhem, secrétaire, signés à l'original. Par moi secrétaire de la communauté, soussigné.

A Vicdessos, ce 21 octobre 1740.

Signé : J. DÉGUILHEM, *secrétaire*.

Après quoi se serait présenté à l'assemblée le sieur Jean Delpy, ancien consul de la vallée, lequel, après avoir entendu la lecture de la présente délibération, a accepté ladite charge et emploi d'inspecteur, et à l'instant du mandement dudit sieur maire, ses mains mises sur les saints Evangiles, a promis et juré de bien et dûment procéder à la vérification des mines et exercer ladite charge d'inspecteur en Dieu et en conscience, et s'est signé avec ledit sieur maire et consuls. Fait cejourd'hui, sexième octobre 1740, Vergnies de la Prade, maire; Rouzaud, consul; Delpy, acceptant; Déguilhem, secrétaire, signés à l'original collationné.

A Vicdessos, ce 21 octobre 1740.

Signé : J. DÉGUILHEM, *secrétaire*.

Vu et omologué par nous intendant du Roussillon et du pays de Foix pour être exécuté selon sa forme et teneur. A Perpignan, le 2 novembre 1740.

Signé : Le comte D'ALBARET.

DEUXIÈME PARTIE.

RÈGLEMENTS

ANCIENS ET NOUVEAUX

POUR

L'EXPLOITATION DES MINES DE FER DE RANCIÉ

ET ORDONNANCE DE CONCESSION

DU 31 MAI 1833.

MINES DE FER DE RANCIÉ

(ARIÈGE).

RÈGLEMENT

du 7 août 1414.

Nous Raimond Albon de Malléon, sénéchal du comte de Foix, à tous ceux qui ces présentes verront, savoir faisons : qu'ayant écouté les plaintes du Procureur général de notre comté, à sa prière et à celle des marchands et autres honnêtes gens, tant de la vallée de Vic-Dessos, que des autres endroits de ladite comté de Foix, qui ont dit : que, quoiqu'on retire des grandes commodités et des profits inestimables de la mine du fer qu'on tire du minier de ladite vallée de notre seigneur le comte, et des forges de la même comté où on l'apporte, desquels les habitants de ladite vallée ne profitent pas seulement, mais encore plusieurs autres de la même comté; néanmoins à présent ces profits et ces commodités diminuent de jour en jour, même les droits de leude, que le seigneur comte de Foix a accoutumé de prendre sur ladite mine, sont réduits à rien par la négligence, ou à mieux dire, la malice de ceux qui tirent ladite mine, et qui l'ayant tirée, la vendent et détruisent entièrement ledit minier, si on ne tâche d'y remédier promptement.

Nous donc, voulant pourvoir à l'indemnité de tant de gens, de toute la républiqne, et du seigneur comte de Foix, par le devoir de notre charge, avec le conseil des juges d'appel de l'ordinaire, et des autres officiers de notredit Seigneur, députés en sadite comté, avons convoqué à ce jour les barons, les nobles, les consuls, certains prud'hommes, et anciens, tant des marchands, que de tous les endroits remarquables de ladite comté, dans la présente ville de Foix, pour délibérer sur le fait précédent, et nous donner leur avis, et entendre les règlements que nous voulons faire à ce sujet, de leur avis et conseil ; c'est pourquoi étant assemblés, le seigneur de Saint-Paul, et plusieurs nobles, tant de Foix, Ax, Tarascon, Vic-Dessos, et les consuls de plusieurs autres lieux. Après avoir mûrement examiné avec eux ce qui s'ensuit, sur la conservation dudit minier et leude susdit, et l'utilité de ladite vallée, et de toute la comté, nous avons fait les règlements suivants, que nous voulons être inviolablement observés, sauf toujours le droit dudit seigneur comte de Foix, et sous son bon plaisir :

Nous ordonnons que le bayle et consuls du lieu éliront quatre prud'hommes qui sont appelés les préposés du minier, comme il a été de tous temps accoutumé, qui prêteront le serment sur le *Te igitur*, et sainte Croix, entre les mains dudit bayle et consuls, lesquels observeront et feront exactement observer ce qui sera ensuite ordonné ; et en cas de contravention, le dénonceront auxdits bayle et consuls, auxquels dits préposés il sera donné un salaire : à savoir, la huitième partie de toutes les amendes, auxquelles ceux qu'ils auront dénoncé seront condamnés ; lesdits préposés élus exerceront toute leur vie, et tandis qu'ils pourront vaquer à cette charge pour l'utilité dudit minier : et tous venant à manquer, ou quelqu'un d'entr'eux, ou en ne voulant pas exercer, lesdits bayle et consuls en éliront d'autres, desquels ils prendront le serment, comme il a été dit ci-dessus.

Item. Ordonnons que lesdits préposés marqueront aux ouvriers qui tirent la mine, le jour de saint Jean-Baptiste, l'endroit où ils travailleront deux à deux pendant toute l'année, lesquels ne pourront abandonner cet endroit marqué pour aller à un autre, sur peine de dix livres tournois applicables au seigneur comte de Foix, toutes les fois qu'on y contreviendra.

Item. Lesdits ouvriers seront obligés de tenir ces endroits, qui leur seront marqués, nets et sans embarras, sur la même peine ; et lesdits préposés seront obligés de les visiter toutes les semaines pour vérifier leur diligence.

Item. Les ouvriers travaillants audit minier, ou y faisant travailler, ne pourront prendre que huit deniers monnaie courante pour chaque quintal de mine qu'ils vendront audit minier, sur peine de perdre ladite mine, applicable, en cas, audit seigneur comte.

Item. Que ceux qui sortent ladite mine dudit minier, soient tenus de faire autant de voyages qu'il leur sera ordonné par lesdits préposés, eu égard au temps et à l'ouvrage : et en cas ils ne le feront, leur salaire sera diminué à proportion.

Item. Il est défendu à toutes personnes, d'enlever la mine de sa place, ni du minier, sauf le consentement de celui auquel elle appartient, à peine de dix livres applicables, comme dessus, audit seigneur comte.

Item. Que dans chaque place dudit minier, il y aura des poids justes pour peser ladite mine en la vendant, lesquels poids lesdits préposés seront tenus de visiter souvent pour éviter les fraudes entre les vendeurs et acheteurs : et en cas ils trouveront quelqu'un se servir des poids courts, il encourra la peine de dix livres applicables comme dessus.

Item. Lesdits préposés visiteront les mines tirées du minier avant qu'on ne les vende, et examineront si elles sont bonnes ou mauvaises ; et en cas ils en reconnaîtront ne rien valoir, ils pourront les jeter par la montagne en bas, comme on l'a anciennement pratiqué : et celui qui leur présentera de la mauvaise mine sera condamné sans rémission, en deux sols tolosains à leur égard pour leur peine et leur travail.

Enfin, parce qu'il est juste de favoriser les habitants de cette vallée, dont les prédécesseurs ont veillé à la conservation dudit minier, lesdits habitants de ladite vallée, qui voudront de la mine au prix ci-dessus établi, seront préférés à tous autres acheteurs étrangers, supposé toujours que lesdits habitants ne se monopolent pas et qu'ils ne se servent point de cette faveur pour frustrer les autres, mais qu'ils exposent en vente cette même mine à un endroit du lieu, et la vendent à tous ceux qui en voudront audit prix de huit deniers, leur permettant néanmoins de prendre pour le port de ladite mine du minier, jusques au lieu, cinq deniers monnaie courante, par quintal, qu'ils pourront vendre à seize deniers dans ladite vallée, et non à plus haut prix. Que si quelqu'un est surpris à la vendre plus cher, il sera condamné à l'amende de dix livres, applicables audit seigneur comte.

Voulons que les présents règlements soient étroitement observés sous le bon plaisir dudit sieur comte : à cet effet, ordonnons au bayle, et consuls de ladite vallée et autres officiers de justice de la communauté, sur le serment par eux prêté, de le faire publier par le premier sergent, dans ladite vallée, et lieux accoutumés, afin que personne n'en prétende cause d'ignorance ; et que ceux qu'ils regardent, aient à les observer de point en point.

Donné à Foix, le sept août 1414, par ledit sieur sénéchal et le conseil, auquel assistaient les juges d'appel, l'ordinaire et juge de Pamiers.

La publication fut faite le 15 novembre 1414.

RÈGLEMENT

du 21 août 1731.

Règlement général de la police qui doit être observée aux miniers de la vallée de Vicdessos, et dans le commerce des mines, fait par Messieurs les consuls de ladite vallée, avec Me Vincens Ville, seigneur de Bénagues, conseiller procureur du roy des juridictions royales de la ville de Tarascon, vallée de Siguer, et châtellenie de Quié, ancien maire et assesseur de ladite vallée de Vicdessos, ensemble leur conseil de police, du 21 août 1731.

Nous Joseph Déguilhem, Jean Ruffié, Jean Delpy et Antoine Rousse, consuls de la vallée de Vicdessos, assistés de Me Vincens

Ville, conseiller procureur du roi de la ville de Tarascon et autres lieux, notre assesseur, le sieur Gérard Vergnes, proconsul, Jean Vergé, Hierome Escach, Gérard Ville, Jean Rousse, Jean Cazes, conseillers politiques, et Antoine Vergnes, praticien du présent lieu, en conseil de police assemblés, dans la maison commune dudit Vicdessos. Vu notre procès verbal du dix-neuvième du courant, et ordonnance de soit icelui communiqué au procureur du roi, du vingtième même mois, le règlement du 15 novembre 1414, l'acte à nous signifié à la requête de M. Adrien la Fosse, fermier de la marque des fers du royaume, poursuite et diligence de Me Louis Joly de Monchery, son directeur au département de Foix ; l'ordonnance de monseigneur Dandrezel, alors intendant du Roussillon et comté de Foix, du 21 juin 1722 (1) ; les conclusions du procureur du roi, du 20 du courant, rendues sur le vu des susdites pièces au pied du susdit verbal, et tout ce faisoit avoir, par notre présente ordonnance de police, avons fait le règlement ci-après, qui sera exécuté par provision, jusques à ce que par le roi et son conseil, il aura été statué définitivement sur le procès qui est pendant au conseil, concernant la police des miniers, chemins et autres faits qui intéressent le commerce des mines.

I. Article. Nous ordonnons que le règlement du 15 novembre 1414 et autres faits à ce sujet, de même que l'ordonnance de monseigneur Dandrezel, du 21 juin 1722, seront exécutés selon leur forme et teneur, sur les peines y contenues.

II. Article. En conséquence du susdit règlement, nous ordonnons que les jurats assembleront demain les principaux ouvriers travaillant aux mines, à la place du Minier, à huit heures du matin, où nous nous rendrons, afin que sous nos ordres soient pris les

(1) Cette ordonnance porte que la mine serait, à l'avenir, taxée par les consuls de Vicdessos, tant pour les habitants de la vallée que pour les étrangers, et à la charge que la taxe pour ceux-ci ne pourra excéder celle faite pour les habitants de plus de deux sous par quintal de 150 liv., poids de table.

minerons plus entendus, pour aller faire la vérification de l'état des miniers, après avoir prêté en nos mains le serment en tel cas requis, et sur leur rapport être ordonné ce qu'il appartiendra.

III. Article. Qu'à commencer du 22 du courant, les jurats seront tenus de commander vingt hommes par jour, pour faire les réparations qui seront par nous ordonnées sur le rapport porté au précédent article : ordonnons aux minerons de leur obéir, à peine de dix livres contre chaque refusant, applicable pour l'indemnité des autres occupés audit travail, sans que ladite amende puisse être modérée ; ordonnons en outre que ceux employés audit travail ne pourront faire qu'une volte par jour pour leur indemnité, à l'heure qui sera marquée par les jurats, sur la même peine de dix livres, applicable comme dessus, lequel nombre d'hommes sera changé chaque jour par tour ; et après que tous les minerons auront satisfait, on recommencera le même ordre jusques à l'entier rétablissement des miniers.

IV. Article. Les jurats seront tenus de nous avertir après que tous les ouvrages seront parachevés, afin que nous montions au minier pour en faire par nous-même la vérification, et ensuite être ordonné ce qu'il appartiendra pour l'entretien desdits miniers et police d'iceux.

V. Article. En conformité des anciens réglements, nous ordonnons aux jurats qu'à l'avenir, depuis le premier mars jusques au premier novembre, ils feront entrer au minier tout l'office à huit heures du matin, et quitteront à sept heures du soir, à peine d'être destitués de leur charge, et de dix livres d'amende contre tout mineron qui ne se trouvera pas à l'heure prescrite, applicable ladite amende à des réparations publiques, et que depuis le premier novembre jusques au premier mars, on entrera à neuf heures du matin, et on sortira à quatre heures du soir, sur les mêmes peines.

VI. Article. Faisons très expresses inhibitions et défenses, tant aux jurats qu'à tous autres minerons, passé l'heure marquée ci-dessus, de plus travailler, ni entrer audit minier, à peine de vingt-cinq livres d'amende pour la première fois, et en cas de récidive, qu'il en sera enquis, pour être ensuite condamnés aux peines de droit.

VII. Article. Nous défendons à tout mineron d'entrer le matin au minier, que tout l'office ne soit assemblé pour entrer tous ensemble, après qu'il aura été ordonné de même par les jurats, à peine de dix livres contre chaque contrevenant, applicable à des réparations publiques.

VIII. Article. Que les jurats fairont tous les jours la visite des miniers, avec le nombre des minerons qu'ils jugeront à propos de prendre avec eux, pour voir s'il y a du risque, avant que de faire entrer tout l'office, et au cas il se trouvera qu'il y ait des réparations à faire pour appuyer le minier au autrement, on le faira incessamment, et les minerons obéiront, à peine de trois livres d'amende, applicable comme dessus.

IX. Article. Lorsque les jurats reconnaîtront de mauvaise mine dans les ouvrages, fairont défenses aux minerons de plus travailler en ces endroits, à quoi enjoignons aux minerons de leur obéir, à peine de vingt-cinq livres d'amende, pour tous minerons qui seront surpris travailler auxdits endroits défendus.

X. Article. Les jurats auront toute sorte d'attention, pour laisser des piliers pour soutenir le minier, auxquels ils fairont des marques, pour que les minerons les reconnaissent, et leur fairont défenses d'y toucher : sur quoi leur enjoignons d'obéir, et au cas quelqu'un seroit surpris y travailler, en sera informé, pour être condamné aux peines de droit.

XI. Article. Chaque jour les jurats, en entrant au minier, régleront les voltes que les minerons devront faire, et auront attention qu'on en fasse suffisamment pour charger toute la voiture, soit tant pour les étrangers que pour les habitants ; défendons aux minerons d'en faire au-delà de celles qui auront été réglées par les jurats, à peine de dix livres, applicables à des réparations publiques; et les jurats punis de prison, s'ils sont convaincus de n'avoir pas laissé faire les voyages nécessaires, pour charger la voiture par monopole, afin de rendre la mine plus chère et moins abondante.

XII. Article. Et afin de rendre la mine plus abondante, permettons à tous particuliers de faire telles recherches qu'ils voudront, pour découvrir de nouvelles mines dans les miniers communs, à la charge par eux, après en avoir fait la découverte, d'en avertir les jurats, pour en faire la visite, afin d'examiner si la mine se trouve bonne, et si elle est abondante ; lesquels seront tenus de nous en faire le rapport, afin que nous puissions donner la jouissance desdites mines, pour un temps convenable, pour l'indemnité du travail de ceux qui en auront fait la recherche : faisons inhibitions et défenses à tous minerons de leur donner aucun trouble dans la jouissance qui leur sera accordée, à peine de dix livres d'amende, applicable comme dessus, sauf à y établir un grand nombre de minerons, à mesure que les mines deviendront plus abondantes, et que les veines deviendront plus larges, ce qui ne pourra être fait que de notre ordre. Sur lesquelles mines les jurats auront inspection, pour y faire exécuter le présent réglement, soit pour l'exécution que pour la débite.

XIII. Article. En conséquence des priviléges accordés aux habitants de la vallée par les anciens comtes de Foix, confirmés par tous les rois, permettons à chaque particulier de notre vallée de faire la recherche des mines hors l'étendue de nos miniers communs, leur accordant en propriété les mines dont ils feront la découverte, avec défenses à tous nos habitants de leur donner aucun trouble ; et ne pourront percer qu'à neuf manches de pioche de distance des ouvertures qui auront été faites, suivant les usages de tout temps observés ; et en cas de contestation, les parties se pourvoiront devant nous, toutesfois, que le présent réglement sera exécuté en tout ce qu'il contient, tout de même qu'aux miniers communs sous l'inspection des jurats.

XIV. Article. Défendons, en conséquence des mêmes priviléges, à tous étrangers de venir travailler dans aucun minier de la vallée, sans notre permission par écrit, sous les peines portées par lesdits priviléges.

XV. Article. Pour ce qui regarde la vente de la mine des grands miniers communs, nous ordonnons qu'elle sera transportée et exposée à la place dite de Lescudelle, et non ailleurs ; à laquelle place sera établi un poids, à notre diligence, pesant 150 livres, avec des balances, le tout bien échantillé ; auquel poids tout voiturier sera tenu de peser ladite mine, à peine de dix livres d'amende contre les refusants, applicable en aumônes, ou en des réparations publiques, comme le cas le requiert.

XVI. Article. Nous défendons à tout mineron de vendre la mine en chemin, sortant du minier pour venir à ladite place, et à tout voiturier de l'y acheter, sur la même peine de dix livres applicable comme en l'article précédent.

XVII. Article. Ordonnons aux minerons de distribuer aux voituriers habitants de la vallée la mine à mesure qu'ils arriveront au minier, par préférence aux voituriers étrangers, conformément au règlement du 15 novembre 1414, à peine de dix livres, applicable comme dessus.

XVIII. Article. Que les voituriers étrangers seront aussi pourvus de mine, en suivant les règles prescrites par ledit règlement, lequel sera lu à la place du minier, et donné à entendre aux jurats pour qu'ils tiennent la main à son exécution, et aux minerons et voituriers, pour s'y conformer, à peine d'y être contraints par les peines portées par icelui.

XIX. Article. Nous ordonnons aux minerons de donner le quintal de la mine aux voituriers de la vallée à quatre sols par provision, et aux voituriers étrangers à six sols, à peine de confiscation de la mine, et de trois livres d'amende pour la première fois. et de dix livres en cas de récidive ; défendons sur les mêmes peines aux voituriers, tant de la vallée qu'étrangers, d'en donner au-delà, sans que ladite peine puisse être réduite ni modérée.

XX. Article. Quand les minerons auront lieu de se plaindre contre les voituriers, quels qu'ils soient ; ils en porteront la plainte aux jurats, qui seront tenus de conduire toutes parties au lieu qui leur sera ci-après marqué, en suivant les anciens usages, où nous irons les prendre, pour les conduire à la maison de ville, pour y être ouïs sommairement, et être fait droit ainsi qu'il appartiendra.

XXI. Article. Et jusqu'à ce que le poids sera établi audit minier, les minerons seront tenus de tirer leur volte pesant 150 livres ; et au cas il sera justifié du contraire, par le témoignage que les voituriers donneront, ou que la mine aura été pesée à Vicdessos à un poids bien échantillé, le mineron sera tenu de payer ce qui manquera pour parfaire le quintal, et autres dommages causés aux voituriers de la vallée et aux étrangers, ce qui sera par nous réglé ainsi qu'il appartiendra.

XXII. Article. Défendons aux habitants de Sem et à tous autres d'acheter aucune mine au minier que leur voiture ne soit présente, pour ne pas frustrer la voiture qui se trouvera à la place du Minier, et qu'elle puisse être chargée, en suivant ce qui est porté par le 17 et le 18 article, à peine de cinq livres d'amende pour la première fois, et de dix livres en cas de récidive, et leur mine confisquée.

XXIII. Article. Défendons très-expressément aux habitants de Sem, de prendre que deux quintaux de mine par jour, pour chaque cheval, ou mulet, lorsqu'ils voudront apporter la mine à Tarascon, ou hors la vallée, et six quintaux, lorsqu'ils voudront la porter pour l'usage des forges de ladite vallée, à peine de confiscation de la mine qu'ils achèteront, au-delà de ce qui est prescrit par le présent article, et de cinq livres d'amende pour la première fois, et de dix livres en cas de récidive, pour être employées aux réparations les plus urgentes des chemins de la vallée.

XXIV. Article. Défendons pareillement auxdits habitants de Sem de faire aucuns magasins dans leurs maisons, ni vendre de la mine audit lieu, sur quelque prétexte que ce soit, à moins qu'elle ne soit pour l'usage des forges de la vallée, ou pour le transport en Gascogne, pour l'échange du charbon qu'on rapporte pour l'usage desdites forges ; et cela n'est que pour empêcher que lesdits habitants ne fassent aucun monopole, comme se trouvant à portée du minier, ainsi qu'ils l'ont pratiqué par le passé, en prenant toute la mine au prix que les minerons vouloient, ce qui faisoit que la voiture de la vallée, et étrangère, étoit obligée journellement de s'en retourner vide ; le présent article sera exécuté en tout ce qu'il contient, à peine de confiscation des mines qui seront trouvées dans les maisons dudit lieu, et de vingt-cinq livres d'amende pour la première fois, et de plus grande en cas de récidive, le tout applicable aux réparations de l'église dudit lieu, ou autres réparations publiques.

XXV. Article. Défendons aussi aux voituriers de l'étendue de la vallée, qui ne porteront pas la mine aux forges, ou qui ne vont point la porter en Gascogne, pour l'échange des charbons, qui sert pour l'usage des forges, de prendre que deux quintaux de mine par jour par bête, et ce, afin qu'ils ne fassent pas de magasin chez eux, ni aucun monopole, pour faciliter par cet endroit à tous les voituriers, tant de la vallée qu'aux étrangers, de charger à mesure de leur arrivée au minier, et ce, à peine de confiscation de la Mine qu'ils prendront au-delà de ce qui est porté par le présent article, et trois livres d'amende pour la première fois, et de six livres en cas de récidive.

XXVI. Article. Et afin de rendre la mine plus commune, et que tout le monde puisse la prendre au minier, nous faisons très expresses inhibitions et défenses à tous minerons de prendre aucuns coulias, pour la voiture qui est hors de la vallée, sous quelque prétexte que ce soit, même pour les voituriers de la vallée, que seulement pour la voiture qui est destinée pour pourvoir les forges de la vallée, et celle qui porte la mine en Gascogne, pour l'échange des charbons qu'elle en rapporte, pour l'usage desdites forges, et ce, à peine de dix livres d'amende pour la première fois, et de plus grande en cas de récidive, tant contre le mineron qui donnera la mine, que contre les voituriers qui voudront exiger ladite amende pour être aumônée, et pour des réparations publiques.

XXVII. Article. Défendons très expressément à toutes personnes qui vendront de la mine à Vicdessos, de la vendre aux habitants qu'à six sols le quintal, et en suivant le règlement de 1414, à peine de confiscation de la mine et de trois livres d'amende, et que sur la même peine il est défendu de la vendre à plus haut prix aux forges, et de dix livres d'amende contre les maîtres d'en donner au-delà, afin que l'égalité du prix se trouve dans ladite vallée.

XXVIII. Article. Nous ordonnons que dans huitaine, à notre diligence, tous les poids des forges seront échantillés, même tous ceux des marchands qui débitent de mine dans toute la vallée, lesquels poids seront toujours de cent cinquante livres le quintal, et si, après avoir été échantillés, on en surprend de plus grands, les maîtres à qui ils appartiendront seront condamnés en l'amende de vingt livres pour la première fois, et seront poursuivis par la voie criminelle en cas de récidive.

XXIX. Article. Nous enjoignons aux jurats que lorsqu'il arrivera quelque contravention au présent réglement aux miniers, qu'ils conduiront les parties, avec les témoins nécessaires, pour justifier les faits dont il s'agira, au bout du pont dit de l'Oratoire, conformément aux anciens usages, où nous irons les prendre pour les conduire, suivant les mêmes usages, dans la maison de ville, pour être toutes parties ouïes sommairement avec l'assistance de notre assesseur, et être ensuite ordonné ce qu'il appartiendra.

XXX. Article. Sera payé aux jurats, toutes les foisqu'ils conduiront des prisonniers, quarante sols, payables par les coupables ; et si mal à propos ils en amènent sans fondement, seront eux-mêmes condamnés aux dommages causés aux parties, et à telle autre peine que de droit.

XXXI. Article. Et comme il se trouve que les minerons sont insolvables,et pour mieux les contenir en leur devoir, et à suivre régulièrement le présent règlement, ils resteront dans la maison de ville, jusques après avoir payé les amendes et frais auxquels ils auront été condamnés par nos ordonnances de police.

XXXII Article. Notre honoraire et celui des autres officiers de justice sera réglé, suivant l'exigence des cas, par les ordonnances qui seront rendues.

XXXIII. Article. Nous ordonnons aux jurats de faire faire la lecture du présent règlement chaque premier jour du mois, à la place du minier, en présence de tout l'office, et le faire exécuter en tout ce qu'il contient, à peine, contre eux, d'être destitués de leurs charges.

XXXIV. Article. Et finalement sera, en notre présence, le présent règlement lu, publié et affiché à un poteau de la place du minier, demain 22 du courant, où nous nous rendrons; comme aussi lu, publié et affiché à la place publique du présent lieu, et dans toutes les paroisses de la présente vallée : enjoignant aux conseillers politiques de chaque lieu, de tenir la main à son entière exécution.

Fait à Vicdessos, ce 21 août 1751.

Déguilhem premier consul. Ruffié consul, Delpy consul, Ville, assesseur, Vergnes, Vergé doyen, Ville, Cazes, Escach, Vergnes et Peiré greffier, ainsi signés à l'original.

Prosper-André BAVYN, *Chevalier, Seigneur de Jallais, et autres lieux, Conseiller du Roi en tous ses conseils, et Honoraire en la grand'chambre du Parlement de Paris, Intendant de justice, police, finances, fortifications de la province du Roussillon et pays de Foix.*

Vu le présent règlement donné par les consuls de Vicdessos, sur la police qui doit être observée aux Miniers; ensemble l'arrêt du Conseil d'Etat du Roi, du 16 octobre dernier, et la Commission sur icelui.

Nous ordonnons par provision, et en attendant que par Sa Majesté il en soit autrement ordonné, que ledit règlement sera exécuté selon sa forme et teneur, lu, publié et affiché, dans la place du minier et autres lieux de ladite vallée que besoin sera, à la diligence des consuls de Vicdessos, qui tiendront la main à son exécution : enjoignons aux jurats dudit minier, aux minerons, aux voituriers et à tous autres qu'il appartiendra, de se conformer aux dispositions portées par ledit règlement, sur les peines y contenues.

Fait à Perpignan, le 17 janvier 1732.

BAVYN.

Par Monseigneur,

PEYROTES.

RÈGLEMENT

du 29 juin 1805.

Foix, le 10 messidor an XIII (29 juin 1805).

Le préfet du département de l'Ariége,

Considérant que le règlement de 1731, concernant la minière de Rancié, est tombé en désuétude ; que plusieurs dispositions de ce règlement ne sont plus applicables à la manière dont cette mine est aujourd'hui exploitée, et qu'il est urgent d'établir des règles de police pour cette exploitation,

Arrête :

Art. 1er. La police des mines de fer situées dans la commune de Sem est confiée à quatre jurats pris dans le corps des mineurs.

2. Ces jurats sont nommés par le préfet, sur une liste double, formée, à la pluralité des suffrages, par l'assemblée des mineurs, habitants des communes de Sem, Goulier-et-Olbier.

3. L'assemblée de ces mineurs a lieu, le 1er vendémiaire de chaque année, sur la convocation du maire de la commune de Sem, ou de son adjoint.

4. Cette assemblée est présidée par le maire de Sem, et, à son défaut, par l'adjoint au maire.

5. Les jurats sont renouvelés par moitié chaque année, ceux qui doivent sortir de place peuvent être portés de nouveau sur la liste des candidats.

6. Le maire de Sem, et, à son défaut, l'adjoint au maire, transmet au Préfet, dans les dix premiers jours de vendémiaire, la liste des quatre candidats choisis par l'assemblée pour remplacer les deux jurats; il donne son avis sur l'aptitude et la moralité de chacun d'eux.

7. Les anciens jurats restent en place jusqu'à l'installation des nouveaux nommés par le préfet; lesquels prêteront serment, devant le juge de paix du canton, de remplir fidèlement les devoirs de leur charge.

8. Les jurats ont la direction et la surveillance des travaux, sous l'inspection de l'ingénieur des mines du département; ils veillent à ce qu'il soit réservé des piliers ou massifs, ainsi qu'il sera ordonné ci-après; ils veillent à la conservation des rampes ou passages qui servent de communication entre les divers chantiers.

9. Ils indiquent aux mineurs les endroits où ils doivent travailler à l'extraction du minerai, et de quel nombre de travailleurs les ateliers habituels doivent être composés.

10. Ils commandent les mineurs qui doivent être employés à l'entretien, aux constructions et aux réparations des passages, galeries ou *courières*.

11. Ils veillent à l'exécution des ouvrages ordonnés par le préfet, sur le rapport de l'ingénieur des mines.

12. Les jurats dressent procès-verbaux de toutes les contraventions qui pourront être commises aux dispositions du présent

arrêté, et ils remettent ces procès-verbaux au maire de Sem, qui en fait poursuivre le jugement par les tribunaux compétents, ainsi qu'il sera ci-après expliqué : si quelqu'un de ces jurats ne sait point écrire, il fait son rapport au maire de Sem, qui rédige le procès-verbal, sur le dire dudit jurat.

13. Le maire de Sem demeure chargé de veiller à ce que les jurats s'acquittent avec exactitude des fonctions qui leur sont confiées ; en cas de négligence, d'abus de pouvoir, ou de délit plus grave, il les dénonce au Préfet, qui, le cas échéant, prononce leur destitution, et provoque la punition des délits dont ils se sont rendus coupables ; en cas de destitution, le Préfet pourvoit provisoirement à leur remplacement jusqu'au 1er vendémiaire lors prochain.

14. Du 30 vendémiaire au 30 ventôse le corps des mineurs, vulgairement appelé office, entrera dans les minières à neuf heures du matin, et cessera à quatre heures du soir ; et du 1er germinal au 30 vendémiaire le travail commencera à huit heures du matin, et finira à sept heures du soir.

15. Pour l'exécution de l'article précédent les Jurats tiendront un contrôle des mineurs travaillant aux mines, et chacun, à son tour de semaine, fera ou fera faire, sous ses yeux, l'appel nominatif à l'entrée et à la sortie.

16. Tout mineur qui ne se rendra point à l'heure fixée pour l'entrée aux minières doit être privé de travailler ce jour-là, et il n'aura aucun droit sur le produit de l'extraction que fera l'escouade à laquelle il est attaché.

Les mineurs qui travailleraient dans la minière avant ou après les heures fixées par l'article 14, et avant l'ordre et le signal ordinaire donné par les Jurats, seront traduits devant le tribunal de police, les procès-verbaux constatant les récidives commises dans l'année seront annexés, par copie, au nouveau procès-verbal qui constatera le nouveau délit.

17. Les Jurats feront chaque jour, avant l'entrée de l'office, la visite des miniers, en se faisant accompagner par des mineurs expérimentés, et à leur choix, à l'effet de vérifier si quelque partie

des galeries ou *couxières,* ou travaux d'extraction, présente du danger ; ils s'attacheront principalement à vérifier les lieux voisins des travaux abandonnés et des anciens éboulements

Dans le cas où ils reconnaîtraient du danger, qui nécessiterait des réparations urgentes, il y serait procédé par un nombre suffisant de mineurs de la manière prescrite plus bas (article 25).

18. Les Jurats veilleront scrupuleusement à ce qu'il soit réservé des piliers dans l'extraction des massifs du minerai ; ces piliers seront conservés d'à-plomb, et leur épaisseur ne pourra être moindre que le tiers de l'espace compris entr'eux : ils seront marqués ostensiblement sur chaque face découverte ; cette marque tiendra lieu de défense aux mineurs d'y arracher du minerai ; et tout mineur qui enfreindra cette défense, ou qui effacerait la marque du Jurat, sera cité devant le tribunal de police correctionnelle ; en cas de récidive dans l'année, ou si le délinquant a entamé un pilier jusqu'au sixième de son épaisseur, il sera dénoncé à M. le Procureur général impérial, comme ayant attenté à la sûreté publique ; et, dans les cas ci-dessus exprimés, le Jurat de semaine qui aurait négligé de dresser son procès-verbal de délit, sera dénoncé au Préfet, qui, le cas y échéant, le fera poursuivre comme en étant le fauteur et le complice.

19. Les rampes pratiquées pour établir les communications entre les divers chantiers ne devront point avoir une largeur moindre d'un mètre (5 empans à peu près) : et lorsqu'elles se trouveront à une hauteur telle qu'il puisse y avoir danger de chute, les Jurats les feront garnir de garde-fous solidement fixés, ou border d'un mur d'appui à pierres sèches.

20. Les massifs sur lesquels existent les rampes ne peuvent être attaqués, à moins de nécessité, pour ouvrir un passage d'un atelier à l'autre, ou pour donner ouverture à un nouveau chantier ; et dans chacun de ces cas le passage ne doit avoir que la largeur et la hauteur nécessaires pour la facilité du service ; ainsi, la largeur ne doit pas excéder 15 décimètres (ou 7 empans), et la hauteur 2 mètres (ou 9 empans).

S'il était reconnu nécessaire ou utile de pratiquer plusieurs passages au travers de semblables massifs, les Jurats en décideraient à l'unanimité, et désigneraient les emplacements, en observant que la distance d'un passage à l'autre soit, au moins, égale à deux fois la largeur d'un passage, c'est-à-dire à trois mètres.

21. Les Jurats règleront chaque jour le nombre de voltes ou charges que les mineurs devront extraire, en proportionnant ce nombre à la quantité de voitures qui se seront présentées pour en faire le transport.

22. Il est défendu aux mineurs d'extraire au-delà du nombre de voltes qui sera fixé par les Jurats ; et, en cas de contravention, les délinquants seront poursuivis devant le tribunal de police, sur les procès-verbaux dressés en la forme ci-dessus tracée.

23. Les Jurats qui seront convaincus de n'avoir pas laissé extraire le nombre de voltes nécessaires pour charger les voitures, et ce dans le dessein de parvenir à l'augmentation du prix de la mine, à cause de sa rareté, seront dénoncés au Préfet, qui, pour la punition d'un délit aussi grave, les fera traduire devant les tribunaux compétents.

24. Les mineurs ne pourront travailler isolément dans les ateliers ; ils seront toujours tenus de travailler par pelotons, et ils se réuniront, à cet effet, au nombre de cinq ou six, au plus, à raison de l'étendue de l'atelier.

Tous mineurs qui seront surpris travaillant isolément, ou au nombre de deux seulement, dans un atelier, à moins qu'ils n'y aient été placés de l'ordre ou avec la permission des Jurats, seront traduits devant le tribunal de police.

25. Lorsqu'il sera nécessaire de faire des travaux de secours, de sûreté, ou d'entretien pour les travaux communs, tels que percements, galeries, ou *courières* à entreprendre ou à réparer, boisage ou muraillement à pratiquer, les Jurats commanderont le nombre de mineurs qu'ils jugeront nécessaire ; et, à cet effet, ils auront une liste complète des mineurs qui composent l'office, d'après laquelle ils désigneront les travailleurs à tour de rôle : les

mineurs employés à ce genre de travaux seront renouvelés, au moins, chaque semaine ; et si quelqu'un des mineurs refuse d'obéir à l'ordre des Jurats, il sera cité devant le tribunal de police, et, en cas de récidive, devant le tribunal correctionnel.

26. Si le refus de ces individus était le résultat d'un complot, ou d'une coalition, il sera dénoncé de suite au Préfet par les Jurats et le maire de Sem, qui, indépendamment des mesures nécessaires, provoquera, des tribunaux compétents, une punition exemplaire.

27. Chaque semaine un des Jurats sera chargé, spécialement, de la surveillance générale et particulière des ateliers, et sera responsable des contraventions ou délits qu'il n'aurait pas constatés et dénoncés : c'est particulièrement sur lui que porteront les peines qui sont établies pour défaut de surveillance, ou pour inexécution des devoirs prescrits aux Jurats par le présent réglement.

28. Le marché de la mine se tiendra à l'entrée des miniers communs, et sur les emplacements qui seront désignés par arrêté du Préfet. Tout le minerai extrait sera porté sur ces emplacements pour y être vendu.

29. Le minerai sera pesé à une balance établie à cet effet : le poids sera de six myriagrammes (à peu près 150 liv.) : ce poids sera étalonné de nouveau, et il continuera de l'être toutes les fois qu'il sera jugé nécessaire.

30. Pour établir l'uniformité dans les achats et les ventes qui ont lieu entre les voituriers et les maîtres de Forge, le poids servant à la pesée du minerai à chaque Forge du département sera le même que celui déterminé pour les miniers : et il sera pris des mesures par le Préfet pour établir et conserver cette identité.

31. Le prix du minerai sera fixé, chaque année, par arrêté du Préfet ; cette fixation sera basée sur le prix commun de la main-d'œuvre et sur celui du fer, en combinant ces deux bases avec les prix anciens du minerai ; et, pour la fixation de ce prix, le Préfet convoquera une assemblée de quatre mineurs, qui auront été choisis à l'époque des élections par le corps des mineurs ; et quatre propriétaires de Forges, désignés par le Préfet lui-même : cette

assemblée donnera son avis sur la fixation du prix du minerai, et le Préfet fixera ce prix, après avoir pris l'avis de l'Ingénieur des mines.

32. Le minerai sera vendu au prix ainsi fixé; ceux des mineurs qui le vendront à un plus haut prix seront poursuivis comme concussionnaires; et les Jurats qui auraient autorisé, ou seulement toléré sciemment l'augmentation arbitraire du prix du minerai, seront poursuivis comme fauteurs ou complices de la concussion.

33. Lorsque les mineurs se croiront fondés à demander une augmentation du prix du minerai, ils adresseront leur demande au préfet, par pétition, et non autrement; la pétition sera remise au préfet par le maire de Sem, ou par les jurats.

34. Tout attroupement ou sédition tendant à obtenir, par la force, ou par l'inertie, ou suspension de travail, l'augmentation du prix du minerai, sera recherché et poursuivi par la partie publique, ainsi que les jurats qui ne l'auraient pas dénoncé, pour être prononcé contr'eux les peines de droit

35. Il n'est permis à aucun individu d'acheter du minerai, s'il ne représente la voiture qui doit en faire le transport de suite; et si quelque mineur vend à un voiturier hors des places désignées par l'arrêté du préfet, le vendeur et l'acheteur seront traduits devant le tribunal de police municipale, et, en cas de récidive dans l'année, devant le tribunal correctionnel.

36. Tous les individus qui se présenteront pour acheter de la mine seront servis par tour d'arrivée, et sans aucune préférence quelconque; et tout individu qui tenterait de devancer son tour, en employant la violence, sera traduit, ou devant le tribunal de police, ou devant le tribunal correctionnel, suivant la gravité du délit.

37. Les fraudes, consistant en fausses pesées, vol de minerai, ou toutes autres infidélités de même nature, seront portées devant les tribunaux compétents.

38. La punition de tous les délits précités, et autres qui pourraient être commis, comme excès réels ou simples outrages,

seront poursuivis, soit sur les procès-verbaux dressés par les jurats, soit sur la plainte des parties intéressées.

39. Les mineurs qui auront découvert de nouveaux filons ou gîtes de mine de fer, dans le voisinage des miniers communs, en donneront connaissance au préfet du département, et adresseront leur demande par pétition, s'ils sont dans l'intention de faire valoir leur découverte, pour y être statué par l'autorité, sur l'avis de l'ingénieur des mines.

40. Si l'exploitation du filon découvert est reconnue utile, les mineurs auteurs de la découverte en auront la jouissance, avec la faculté de s'associer, pour cette exploitation, des mineurs à leur choix, dans le nombre de ceux qui jouissent du droit de l'exploitation dans les miniers communs, et jusqu'à la concurrence du nombre qui sera déterminé dans la permission : à la charge par eux : 1° d'observer l'exécution des dispositions du présent règlement ; 2° d'exécuter les plans d'exploitation qui leur seront tracés par l'ingénieur des mines ; 3° de se soumettre à la surveillance des jurats : le tout sous peine de révocation de ladite permission.

41. La permission mentionnée en l'article précédent sera accordée pour cinq ans, après lequel terme elle pourra être renouvelée, à moins que l'on ne juge utile à l'intérêt public de donner à l'exploitation du nouveau minier une plus grande étendue ; dans lequel cas il y sera procédé de l'ordre du préfet, d'après l'avis de l'ingénieur des mines, et sous la surveillance des jurats, le mineur rentrant, ainsi, dans l'ordre commun, et à la disposition de l'office.

42. Le présent arrêté sera publié et affiché dans toutes les communes du canton de Vicdessos ; des collationnés en seront adressés à M. le procureur-général impérial près la cour de justice criminelle, à M. le magistrat de sûreté, à M. le procureur impérial près le tribunal civil, et à M. le juge de paix du canton de Vicdessos.

BRUN, *signé*.

MINISTÈRE DE L'INTÉRIEUR.

AMPLIATION DE DÉCISION.

Paris, le 5 vendémiaire an XIV.

Le Ministre de l'intérieur : vu, 1° le règlement du 21 août 1731, concernant l'exploitation des mines de fer de la vallée de Vicdessos, et la vente du minerai ;

2° Le rapport de l'Ingénieur des mines, le sieur Brochin, du 18 prairial an XIII ;

3° L'avis de M. Brun, préfet du département de l'Ariége ; son arrêté et la lettre y jointe, en date du 21 messidor an XIII ;

4° L'avis du Conseil des mines, du 4 vendémiaire an XIV :

Considérant qu'il est urgent de pourvoir à l'exploitation plus régulière des mines de fer de la vallée de Vicdessos, et d'assurer la conservation de cette propriété publique importante, en mettant aussi la vie des mineurs plus en sûreté ;

Considérant, enfin, que la nature et la disposition de ces mines de fer les range dans la classe de celles indiquées au paragraphe 8 de l'instruction ministérielle du 18 messidor an IX (note 1) ; mais que, dans l'état actuel de la législation des mines, il n'y a pas lieu à proposer au gouvernement de les concéder,

DÉCIDE :

Art. 1er. L'arrêté du Préfet de l'Ariége, en date du 10 messidor an XIII, portant règlement pour l'exploitation des mines de fer de la vallée de Vicdessos, et pour la vente du minerai en provenant, sera provisoirement exécuté, jusqu'à ce qu'il ait été statué définitivement par le gouvernement à l'égard de ces mines.

Art. 2. Le Préfet du département de l'Ariége et le Conseil des mines sont chargés de l'exécution de cette décision.

CHAMPAGNY, *signé.*

Extrait du Règlement pour les Conducteurs temporaires des mines de Rancié, dits JURATS, du 14 mars 1816 (1).

Art. 43. Le règlement pour les mines de Rancié, du 10 messidor an XIII, approuvé le 5 vendémiaire an XIV par le Ministre de l'intérieur, comme règlement provisoire, continuera à être suivi dans tous les points auxquels il n'est pas dérogé par les dispositions ci-dessus.

Art. 44. Les contraventions au présent règlement seront poursuivies et punies conformément au titre X de la loi du 21 avril 1810 sur les mines, ce règlement étant de la nature de ceux mentionnés à l'art. 93 de cette loi.

. . . .

Le Pair de France, Conseiller d'Etat,
Directeur général des ponts et chaussées et des mines,
Signé, Comte MOLÉ.

Pour copie conforme :
Le Secrétaire général de la Préfecture,
Surin.

RÈGLEMENT

Du 16 avril 1821

Pour l'admission ultérieure des mineurs aux mines de Rancié.

Nous, Préfet du département de l'Ariége,

Vu l'arrêté de notre prédécesseur, en date du 15 décembre 1817, portant fixation de la liste des mineurs qui travaillent aux mines de Rancié ;

(1) C'est le dernier des règlements ministériels pour la police des mines de Rancié.

Vu les nombreuses pétitions par lesquelles il nous est demandé de nouvelles inscriptions sur cette liste;

Vu le rapport de M. l'Ingénieur en chef au corps royal des mines, en date du 11 de ce mois;

Considérant que, si d'une part la conservation et la bonne exploitation des mines de Rancié exigent que le nombre des mineurs y soit réduit à celui qui est indiqué par les besoins du service; de l'autre part, l'intérêt même de l'exploitation, ainsi que celui des habitants du pays, demandent que cette réduction ne s'effectue que peu à peu, et que toute admission aux mines ne soit pas interdite jusqu'à entière réduction :

Arrêtons :

Art. 1er. A l'avenir, et jusqu'à ce que le nombre des mineurs soit réduit à ce qui est nécessaire pour le service, il sera admis, aux mines, un nouveau mineur, à raison de deux places vacantes.

Art. 2. A la fin de chaque année, le secrétaire des jurats, chargé du contrôle particulier des mineurs, nous transmettra un état, certifié par le Maire de Sem, des places qui seront venues à vaquer dans l'année sur la liste des mineurs, en indiquant la date et la cause de la vacance.

Art. 3. Conformément à l'article 4 de l'arrêté du 13 décembre 1817;

« Tout habitant des huit communes formant l'ancienne vallée
» de Vicdessos, qui désirerait entrer aux mines, ou y faire entrer
» un de ses enfants, nous adressera une pétition à cet effet.

« Les jurats feront leurs observations sur l'exactitude et le
» contenu de cette pièce, ainsi que sur l'aptitude du demandeur.
» L'Ingénieur des mines en station à Vicdessos donnera son avis
» sur la pétition et sur les observations. »

Art. 4. Dans le cas où il s'agirait du jeune fils d'un mineur, les jurats donneront encore, à la suite de la pétition, leur avis sur la conduite et les services du père, ainsi que sur le besoin qu'a sa famille de l'admission demandée relativement aux moyens de subsistance.

Le Maire de la commune, qu'habite le mineur, attestera l'exactitude des faits mentionnés dans cet avis.

Art. 5. A la fin de chaque année, les pétitions reçues seront transmises à l'Ingénieur en chef des mines, pour qu'il nous fasse un rapport général à leur sujet.

Art. 6. D'après ce rapport, nous nommerons, par un arrêté spécial, aux places à remplir, ceux des sujets présentés, qui nous paraîtront y avoir le plus de droits, tant par leurs qualités personnelles, que par le service et les besoins de leurs pères ou de leurs familles.

Art. 7. Pour cette année, la nomination se fera dans le mois prochain.

A cet effet, le secrétaire des jurats nous transmettra, avant l'expiration du mois présent, l'état des places vacantes depuis le premier janvier 1820.

Et toute personne qui se croira dans le cas de nous faire une demande en admission, tant pour lui que pour ses enfants, nous l'adressera avant le 15 mai.

Art. 8 Les ingénieurs des mines, le maire de Sem, et le secrétaire des jurats sont chargés chacun en ce qui le concerne de l'exécution du présent arrêté, qui sera lu au corps des mineurs assemblés à cet effet.

Fait à notre hôtel, à Foix, le 16 avril 1821.

Le Préfet du département de l'Ariège,
Le baron DE MORTARIEU.

Pour copie conforme :
Le secrétaire-général de la préfecture,
Rogniat.

RÈGLEMENT

Du 21 octobre 1823

Sur la police du Marché du Minerai, à l'entrée de la mine de la Craugne.

Nous, Préfet du département de l'Ariége,

Vu les nombreuses plaintes qui nous sont portées sur les querelles, rixes et voies de fait qui ont lieu presque journellement sur la place du Marché du Minerai, à l'entrée de la mine de la Craugne, entre les mineurs, vendeurs et les voituriers (muletiers, âniers, etc.), acheteurs.

Vu l'art. 28 du Règlement ministériel de 1805, pour l'exploitation des mines de Rancié, et pour la vente du minerai en provenant, lequel porte : « Le marché du minerai se tiendra à l'entrée » des miniers, et sur les emplacements qui seront désignés par » arrêté du Préfet. Tout le minerai extrait sera porté sur ces » emplacements pour y être vendu. »

Vu les art. 55, 56 et 48 du même Règlement: ensemble les artˢ 43 et 44 du Règlement de 1816 ;

Vu le titre X de la loi du 21 avril 1810 sur les mines ;

Vu le rapport de l'ingénieur-en-chef du Corps royal des mines, en date du 24 septembre dernier ;

Considérant que les discussions et rixes sus-mentionnées viennent principalement :

1° De la mauvaise disposition de l'emplacement du marché, qui est telle que les Jurats ne peuvent y exercer convenablement leur surveillance ;

2° De ce qu'en contravention aux Règlements existants, les voituriers ne sont pas servis à leur tour d'arrivée aux mines, et que des traficants de minerai, sans avoir de voitures, se rendent sur la place du Marché, et y font des achats de minerai qu'ils emmagasinent dans des baraques construites par eux sur cette place ;

5° De ce que les Jurats n'usent pas convenablement du droit qui leur est donné par les Règlements pour la répression des discussions, et notamment du droit qu'ils ont d'exclure de la place du Marché, tous ceux qui y commettent des désordres, cette place fesant partie des miniers sur lesquels ils ont juridiction ;

Arrêtons.

Art. 1er. Le minerai, extrait de la mine de la Craugne, se vendra à l'entrée de cette mine, sur un emplacement qui sera aplani et disposé à cet effet, et qui aura 35 mètres de rayon, à partir de cette entrée, ainsi qu'il est indiqué sur le plan.

Art. 2. Les baraques que les mineurs ont construites sur cet emplacement et au voisinage, seront démolies. La démolition sera entièrement effectuée dans un mois, à compter du jour de la réception du présent arrêté, pour tout délai.

Art. 3. Ces baraques seront portées tout à l'entour de la place ci-dessus fixée, et y seront disposées de la manière indiquée sur le plan.

Art. 4. Chaque baraque aura deux mètres de long, un mètre vingt centimètres de large, et un mètre et demi de haut.

Elles seront pavées, et leur porte sera tournée vers le milieu de la place.

Art. 5. Les mineurs seuls auront de telles baraques : elles leur serviront pour enfermer leurs outils et la quantité du minerai qu'ils auraient extrait et qu'ils n'auraient pas trouvé à vendre.

Art. 6. Lorsqu'un mineur voudra en établir une, il s'adressera aux jurats qui lui fixeront l'emplacement qu'elle doit occuper.

Art. 7. Aucune baraque à renfermer du minerai ne pourra être établie ailleurs sur la montagne de Rancié ; et celles qu'on y établirait seront détruites à la diligence du maire de Sem.

Art. 8. Les jurats se feront ouvrir les baraques toutes les fois qu'ils le jugeront à propos, et s'assureront qu'il ne s'y commet aucune fraude par le mélange de terre. Les mineurs récalcitrans seront exclus de la mine pour un ou plusieurs jours ouvrables, conformément aux art. 1er et 4 de notre arrêté du 17 juin 1816. Ils saisiront le minerai mélangé.

Le cas échéant, ils feront prendre dans les baraques le minerai nécessaire pour charger les voitures qui seraient dans le cas de s'en retourner vides.

Art. 9. Il sera établi, à l'entrée de la mine, un hangar de la forme marquée sur le plan. Le sol en sera un peu plus élevé que celui de la place. Dessous seront les balances servant à la pesée du minerai, et le jurat chargé de la police du marché s'y tiendra.

L'entrée en est interdite aux voituriers.

Art. 10. Les voituriers entreront dans la place, et en sortiront par les seules voies qui seront indiquées à cet effet.

Art. 11. Ils seront servis à tour d'arrivée, et sans préférence quelconque. En cas de contestation, le jurat, après avoir entendu les parties contendantes, et pris les renseignements qu'il jugera convenables, prononcera, en décidant à qui appartient la charge contestée.

Art. 12. L'entrée de la place du Marché est interdite à tout individu ou acheteur de minerai qui ne conduirait pas la voiture qui doit immédiatement en faire le transport.

Art. 13. Les jurats interdiront cette entrée à tout mineur ou voiturier, qui occasionnerait du trouble, ou s'y permettrait des voies de fait; et cela pour un temps proportionné à la faute commise. Ils suivront à cet égard le mode prescrit par le règlement de 1816, pour les ouvriers coupables de désordre ou d'insubordination dans les mines.

Art. 14. Conformément aux règlements de 1805 et 1816 ils dresseront un procès-verbal contre tout individu, mineur ou voiturier, qui, sur la place du marché, se porterait à des voies de fait, et même à de simples outrages, ainsi que contre ceux qui entreraient sur la place, malgré la défense qu'ils leur en auraient faite.

Art. 15. Ces procès-verbaux, indiquant l'article des réglements auquel il aura été contrevenu, et revêtus des formalités prescrites par la loi du 21 avril 1810, sur les mines, seront transmis au procureur du roi près le tribunal de police correctionnelle séant à Foix, pour, le contrevenant être poursuivi et puni conformément au titre X de la loi sur les mines.

Copie de ces procès-verbaux nous sera transmise.

Art. 16. Le présent arrêté sera imprimé et affiché dans toutes les communes du canton de Vicdessos.

Art. 17. MM. les ingénieurs au corps royal des mines chargés du service des mines de Rancié, notre délégué sur les lieux pour la police de ces mines, le maire de Sem, et les jurats, sont chargés, chacun en ce qui le concerne, de veiller à l'exécution du présent arrêté, dont copie collationnée sera transmise à M. le procureur du roi près le tribunal séant en cette ville.

Fait à Foix, le 21 octobre 1825.

Signé, Le baron DE MORTARIEU.

Pour expédition conforme :

Le secrétaire-général, Signé SAPIA.

RÈGLEMENT

du 31 mai 1833.

—

TITRE PREMIER.

De l'administration des mines de Rancié.

Art. 1er. Le Préfet du département de l'Ariége est chargé, sous les ordres du Directeur général des ponts et chaussées et des mines, de l'administration et de la police des mines de Rancié.

Il prend les mesures nécessaires pour que l'exploitation de ces mines réponde aux besoins des consommateurs.

Il taxe le prix du minerai ; il arrête chaque année la liste des mineurs, et nomme les jurats.

Il est l'ordonnateur du fonds spécial produit par le droit perçu à la vente du minerai, en vertu de l'arrêté des Consuls du 24 germinal an II, et il délivre les mandats pour paiement des dépenses faites sur ce fonds, conformément au budget qui est arrêté annuellement par le Directeur général.

Les décisions du Préfet sur ces divers objets sont prises sur l'avis des Ingénieurs des mines et soumises à l'approbation du Directeur général.

Art. 2. L'Ingénieur en chef des mines du département de l'Ariége, ayant sous ses ordres un ingénieur ordinaire en station à Vicdessos, est chargé de la proposition des travaux à exécuter dans les mines et de la direction des travaux.

Il adresse les projets annuels au Préfet qui les transmet avec ses observations au Directeur général des ponts et chaussées et des mines, lequel prononce, après avoir pris, s'il y a lieu, l'avis du Conseil général des mines.

TITRE II.

Des travaux des mines de Rancié.

Art. 3. Les travaux qui s'exécutent aux mines de Rancié sont de deux sortes, savoir : 1° les travaux d'exploitation immédiate du minerai, et 2° les travaux des galeries d'écoulement ou de communication des ouvrages de recherches, des puits d'airage et des autres ouvrages d'art.

SECTION Ire.

DES TRAVAUX PROPREMENT DITS.

Art. 4. Les travaux d'exploitation immédiate du minerai consistent à abattre le minerai et à l'extraire de la mine. Conformément aux anciens usages, lesdits travaux seront exécutés par des mineurs pris dans les huit communes (Vicdessos, Sem, Goulier-et-

Olbier, Auzat, Saleix, Suc-et-Sentenac, Orus, Illier-et-Laramade) composant l'ancienne vallée de Vicdessos, sous la direction immédiate des jurats pris dans le corps des mineurs. Ces travaux continueront d'être payés par la vente que fera directement chaque mineur, du minerai extrait par lui.

Art. 5. Les travaux d'exploitation se divisent aussi en deux classes : 1° ceux qui ont lieu sur la couche métallifère, et 2° ceux qui exploitent des massifs ou blocs de minerai isolés dans les anciens chantiers (ou ateliers d'abattage) ou situés au milieu des débris provenant de l'écroulement de ces chantiers.

§ 1er. — *Exploitation sur la couche.*

Art. 6. Lorsqu'il s'agira d'exploiter une partie jusque-là intacte de la couche métallifère de Rancié, l'Ingénieur en chef des mines, après avoir reconnu les localités, donnera ses instructions à l'Ingénieur ordinaire, lequel dressera un plan d'exploitation. L'Ingénieur en chef transmettra ce plan au Préfet avec ses observations, le Préfet le soumettra avec son avis au Directeur général des ponts et chaussées et des mines qui, après avoir entendu le Conseil général des mines, arrêtera le plan à suivre.

Art. 7. Conformément à ce plan, l'Ingénieur tracera la disposition à donner aux chantiers d'exploitation, et il déterminera le nombre des mineurs à y placer. Les jurats les y placeront et veilleront exactement à ce qu'ils suivent la direction donnée, ce qui sera, de temps à autre, vérifié par le Conducteur principal des travaux.

Art. 8. Si, dans un chantier, le minerai venait à changer de direction ou à n'être plus exploitable ; et si, par suite, il fallait changer les dispositions prescrites, il sera donné avis à l'Ingénieur en chef qui indiquera la marche à suivre, en se tenant dans les limites fixées par le plan arrêté. Dans le cas où l'Ingénieur en chef croirait nécessaire de dépasser ces limites, il en ferait son rapport au Préfet qui prendrait les ordres du Directeur général, et, en cas d'urgence, statuerait provisoirement.

Art. 9. Pour les portions de la couche métallifère à exploiter entre des excavations déjà existantes, l'Ingénieur ordinaire des mines, après avoir pris les instructions de l'Ingénieur en chef, dirigera l'exploitation de manière à pourvoir à la sûreté des ouvriers, et à assurer l'extraction du minerai aussi complètement qu'il sera possible.

§ 2. — *Exploitation dans les éboulis.*

Art. 10. Les masses et blocs du minerai situés dans les anciens chantiers et au milieu des débris d'éboulement, seront exploités, conformément aux anciens usages, par les mineurs qui les auront découverts, après que les jurats ayant, sous la direction de l'Ingénieur des mines, visité les lieux, auront reconnu que le minerai est de bonne qualité, et que l'exploitation peut être exécutée sans danger et sans porter préjudice aux chantiers voisins.

Art. 11. La brigade (ou le parti) de mineurs qui aura découvert le chantier, en aura la jouissance; cependant, si ce chantier est susceptible de recevoir un plus grand nombre de mineurs, les jurats y établiront aussi ceux qu'ils jugeront convenable d'y placer et qu'ils ne pourraient occuper convenablement ailleurs.

Art. 12. Les mineurs exploitant de tels chantiers sont tenus de pourvoir à leur entretien, ainsi qu'à l'entretien des communications de ces chantiers avec la grande galerie du service commun. Les jurats veilleront à ce que ces travaux d'entretien soient bien faits, et ils ordonneront, à cet effet, les réparations et les boisages qu'ils jugeront nécessaires.

Art. 13. Lorsque, dans un de ces chantiers, les mineurs auront à faire ébouler quelques blocs de minerai ou de roche, ils devront, avant d'y procéder, en prévenir le jurat de service, lequel ne permettra ce travail que lorsqu'il aura reconnu qu'il peut se faire sans compromettre la sûreté des ouvriers et la stabilité des chantiers voisins.

SECTION II.

TRAVAUX ACCESSOIRES A L'EXPLOITATION ET OUVRAGES D'ART.

Art. 14. Lorsqu'un ouvrage d'art, accessoire à l'exploitation directe du minerai, sera reconnu nécessaire, l'Ingénieur ordinaire en rédigera le projet et l'adressera à l'Ingénieur en chef, lequel le soumettra au Préfet avec ses observations.

Art. 15. Si le travail à exécuter est peu considérable, s'il n'exige pas un percement de plus de dix mètres dans le roc ou dans le minerai, et s'il ne doit pas coûter plus de 500 francs, le Préfet pourra en autoriser la mise à exécution : le Préfet pourra également autoriser des réparations à une des galeries de service existantes, lorsque la dépense n'excédera pas mille francs.

Il sera donné avis immédiat de ces dépenses au Directeur général des ponts et chaussées et des mines.

Art. 16. Pour tout ouvrage dont la dépense excéderait les sommes qui ont été mentionnées à l'article précédent, le Préfet adressera le travail des Ingénieurs avec ses propres observations au Directeur général des ponts et chaussées et des mines, lequel statuera, après avoir pris l'avis du Conseil général des mines.

En cas d'urgence, le Préfet pourra autoriser à commencer l'ouvrage.

Art. 17. L'Ingénieur en chef des mines transmettra la décision du Directeur général, avec ses instructions, à l'Ingénieur ordinaire, lequel désignera les ouvriers chargés de l'exécution, dirigera cette exécution et en suivra les détails ou les fera suivre par le conducteur des travaux. L'Ingénieur veillera aussi à ce que les registres, constatant l'avancement de l'ouvrage et les dépenses qu'il exige, soient convenablement tenus. Il dressera les *bons* ou *certificats*, pour le paiement de ces dépenses, de la manière qui lui sera indiquée par l'Ingénieur en chef.

Art. 18. Les dépenses seront acquittées sur le fonds spécial des mines de Rancié.

Art. 19. L'ouvrage sera reçu par l'Ingénieur en chef des mines; le procès-verbal de réception sera transmis au Préfet.

TITRE III.

Du personnel des mines de Rancié.

SECTION Ire.

DU CONDUCTEUR DES TRAVAUX

Art. 20. Un Conducteur principal des travaux est placé aux mines de Rancié, pour diriger, sous les ordres de l'Ingénieur ordinaire des mines, tout ce qui concerne l'exploitation.

Art. 21. Ce Conducteur sera nommé par le Directeur général des ponts et chaussées et des mines, sur la présentation de l'ingénieur en chef des mines et sur l'avis du Préfet.

Art. 22. Son traitement sera fixé par le Directeur général, et payé sur le fonds spécial des mines de Rancié.

Art. 23. Le Conducteur principal veillera à la bonne exécution de tous les travaux des mines; il dirigera immédiatement les travaux qui seront payés sur le fonds spécial.

Art. 24. Il tiendra les divers registres relatifs à ces travaux et à leurs dépenses, conformément au mode prescrit par le Préfet.

Art. 25. Il lèvera les plans nécessaires au service et particulièrement ceux constatant l'avancement annuel des travaux d'exploitation. Il tiendra, sous les ordres de l'Ingénieur, le registre de cet avancement, ainsi qu'il est prescrit par le décret du 3 janvier 1813 sur la police des mines, et notera sur ce registre, au fur et à mesure de l'avancement des travaux, les circonstances remarquables qui se seront présentées dans l'exploitation, ainsi que des renseignements sur la nature et sur la richesse des minerais successivement exploités.

Art. 26. Aussitôt que le Conducteur principal remarquera dans une partie quelconque des mines, quelque apparence de danger, il en rendra compte à l'Ingénieur, et il le signalera aux jurats, en leur indiquant ce qu'il croira convenable de faire pour prévenir les accidents.

Il donnera également, sans délai, avis à l'Ingénieur de tout accident qui surviendrait dans les mines. En cas d'absence de l'ingénieur, il le remplacera, tant pour la rédaction des procès-verbaux à dresser que pour les mesures à prendre à l'effet de porter remède à un danger imminent, le tout conformément aux articles 13 et 14 du décret du 3 janvier 1813 sur la police des mines.

Art. 27. Le Conducteur principal dirigera les jurats dans la surveillance qu'ils doivent exercer sur la conduite et la tenue des chantiers d'exploitation.

Art. 28. Il veillera à ce que les jurats fassent exécuter les règlements, et il rendra compte à l'Ingénieur des négligences qu'il aurait remarquées à cet égard.

Art. 29. Dans le cas où les jurats négligeraient de dresser les procès-verbaux des contraventions, le Conducteur les dressera lui-même. Il sera, à cet effet, assermenté devant le tribunal de première instance de l'arrondissement, et sa commission y sera enregistrée.

Art. 30. Le Conducteur principal assistera aux séances de réunion des jurats, lorsqu'il le jugera convenable, et il aura voix délibérative. Il fera transcrire, sur le registre de ces séances, les observations qu'il croira nécessaires à la bonne exploitation et à la police des mines. Il y fera aussi transcrire les ordres et les instructions du Préfet, de l'Ingénieur des mines, lorsqu'il en sera chargé.

SECTION II.

DES JURATS.

Art. 31. Les jurats ou conducteurs temporaires exercent les fonctions de maîtres mineurs. Ils sont chargés de la conduite des travaux d'exploitation proprement dite, et de la police immédiate des mineurs.

Art. 32. Les jurats seront au nombre de cinq. Ils seront choisis parmi les mineurs de Rancié qui auront travaillé dans les mines, au moins, pendant trois années consécutives.

Art. 33. Les jurats seront nommés pour cinq ans et renouvelés par cinquième, un chaque année. Le jurat sortant pourra être indéfiniment réélu.

Art. 34. Chaque année, dans le courant de décembre, les Maires des huit communes de la vallée, réunis à Vicdessos, sur la convocation du Préfet, et sous la présidence du Maire de Vicdessos, dresseront une liste de trois candidats, dont le jurat sortant fera nécessairement partie, et sur laquelle aucun des Maires ne pourra être porté. Des observations seront jointes à cette liste, sur la manière dont le jurat sortant aura rempli ses fonctions, et sur les services et les titres des deux autres candidats. La liste ainsi annotée sera transmise au Préfet par le Maire de Vicdessos.

Art. 35. De son côté, l'Ingénieur des mines en station à Rancié, dressera une semblable liste de trois candidats dont le jurat sortant fera aussi partie, et qui renfermera également des observations sur les titres de ce jurat à une réélection. et sur les titres de ses concurrens. L'Ingénieur transmettra cette liste au Préfet.

Art. 36. Le Préfet, après avoir pris l'avis de l'Ingénieur en chef des mines, choisira le jurat parmi les trois candidats présentés sur l'une ou l'autre liste. Son arrêté, portant nomination, sera soumis à l'approbation du Directeur général.

Art. 37. Le jurat nommé prêtera serment devant le tribunal de première instance de l'arrondissement, et il y fera enregistrer sa commission.

Art. 38. Il sera ensuite installé par le Maire de Sem, en présence de l'Ingénieur des mines, du conducteur principal, des autres jurats et des mineurs assemblés à cet effet.

Jusqu'à cette installation, le jurat sortant continuera ses fonctions.

Art. 39. Les jurats répartiront les mineurs dans les divers chantiers d'exploitation, proportionnellement à l'étendue ou à la richesse de chacun de ces chantiers, et à la connaissance qu'ils ont des individus. Les mineurs d'un même chantier forment une brigade (ou un parti).

Aucun mineur ne pourra changer de chantier sans l'assentiment préalable des jurats.

Art. 40. En conformité des anciens réglements, les jurats feront entrer aux mines, le corps des mineurs (ou l'office), et les en feront sortir, savoir :

Depuis le 1er mars jusqu'au 1er novembre, on entrera à huit heures du matin et on sortira à sept heures du soir.

Depuis le 1er novembre jusqu'au 1er mars, on entrera à neuf heures du matin, et on sortira à quatre heures du soir.

L'une et l'autre durée de travail dans la mine pourra être abrégée, si la tâche qui aura été assignée aux mineurs, peut être terminée en moins de temps.

Art. 41. Chaque jour, avant d'ouvrir les portes des mines au corps des mineurs ou à l'office, les jurats, accompagnés d'ouvriers expérimentés et de leur choix, entreront et feront la visite des galeries de service et des chantiers d'exploitation, particulièrement de ceux où l'on soupçonne quelque danger. S'ils n'ont rien vu de périlleux, ils feront entrer les mineurs.

Lorsque, dans un chantier, ils apercevront quelque menace d'éboulement ou autre danger, ils commanderont un certain nombre de mineurs pour y aller faire les réparations convenables, et, dans le cas où ils jugeraient que les ouvriers de ce chantier ne peuvent y travailler à l'exploitation du minerai, ils les répartiront provisoirement dans d'autres chantiers.

Si dans une des mines, le danger menaçait la généralité des chantiers, les jurats congédieraient, pour ce jour, les mineurs de cette mine, sauf ceux qu'ils auraient commandés pour les réparations ; mais ils feraient entrer et travailler à l'exploitation du minerai, ceux des autres mines.

Art. 42. Les jurats empêcheront qu'aucun mineur ne pénètre dans les mines, sans leur ordre, avant que les portes en aient été ouvertes à l'office, ou après que les portes auraient été fermées.

Ils ne permettront pas que les mineurs qu'ils auront fait entrer avant l'office, pour faire des réparations, travaillent à l'exploitation ou à l'extraction du minerai.

Art. 43. Avant que les mineurs entrent, les jurats leur prescrivent le nombre de charges (ou voltes) de minerai que chacun d'eux devra extraire dans sa journée, conformément aux ordres qui auront été donnés par le Préfet, d'après les besoins du commerce. Ils tiendront la main à ce que le nombre des charges soit réellement extrait, et à ce qu'il ne soit pas dépassé.

La charge (ou volte) demeure fixée à 60 kilogrammes. Ce poids ne devra pas être excédé.

Art. 44. Les jurats se répartiront dans les diverses mines, selon les besoins du service, les uns à l'entrée pour constater le nombre de charges extraites et la qualité du minerai, les autres dans l'intérieur, pour y faire la police et assurer une bonne exploitation. Ces derniers examineront si les chantiers sont bien conduits et bien tenus ; ils donneront les ordres qu'ils croiront nécessaires pour atteindre ce but, et les mineurs devront exécuter ces ordres avec exactitude. Les jurats examineront aussi si les mineurs travaillent dans les chantiers qu'ils doivent occuper et non dans d'autres. Ils veilleront à ce que les mineurs ne chargent du minerai que dans leurs propres chantiers et non sur les passages et dans les lieux prohibés.

Ils ne permettront pas que les mineurs travaillent isolément ; ils les répartiront par brigades (ou partis) de quatre ou cinq au moins. Dans les localités seulement où il ne se présentera évidemment aucun danger, les jurats pourront établir des postes de deux ou trois mineurs.

Art. 45. Les jurats placés à la porte des mines, auront soin de ne pas y laisser entrer ceux des mineurs qui auront extrait le nombre de charges prescrit. Il est expressément défendu aux jurats de laisser entrer dans la mine aucun enfant au-dessous de dix ans, aucun ouvrier ivre ou en état de maladie, et aucun étranger qui ne serait pas porteur d'une permission de l'Ingénieur ou des autorités locales. L'étranger porteur d'une permission devra être accompagné de l'un des jurats.

Sont regardés comme étrangers aux mines de Rancié, tous les individus non inscrits sur la dernière liste des mineurs, qui aura été arrêtée par le Préfet, ainsi que les individus inscrits auxquels le travail, dans ces mines, aurait été interdit pour un temps plus ou moins long.

Art. 46. Partout où les jurats jugeront convenable de laisser intacts des massifs de minerai, soit comme piliers pour le soutien des voûtes, soit comme soles entre deux étages d'exploitation, ils en référeront à l'ingénieur des mines ou, en son absence, au conducteur principal, et ordonneront, s'il y a lieu, la conservation de ces piliers et soles ; ils les marqueront ostensiblement sur les diverses faces visibles. Ces marques tiendront lieu de défense d'y toucher, indépendamment des défenses verbales qui en seront faites aux mineurs des chantiers voisins.

Art. 47. Les jurats demeurent responsables de toute exploitation ou attaque sur ces piliers et soles réservés ; si par suite d'une telle exploitation ou attaque, il survenait quelque accident qui occasionnât la mort ou la mutilation d'un ou de plusieurs ouvriers, il pourra y avoir lieu à traduire les jurats devant les tribunaux, conformément aux dispositions des articles 319 et 320 du code pénal. Les jurats seront passibles d'une semblable poursuite pour les accidents qui seraient arrivés à des mineurs travaillant dans des lieux prohibés, à moins qu'ils ne justifient des soins qu'ils auraient pris pour empêcher un tel travail.

Art. 48. Dans le cas où la sûreté des exploitations et l'approvisionnement des consommateurs pourraient être compromis, ou en cas d'accident qui aurait occasionné la mort ou des blessures graves à un ou plusieurs ouvriers, les jurats seront tenus d'en donner connaissance au Maire de Sem et au Conducteur principal des travaux, lequel en rendra compte aussitôt à l'Ingénieur des mines.

Art. 49. Les jurats dresseront des procès-verbaux des contraventions aux règlements, à l'effet de poursuivre les contrevenants devant le tribunal de police correctionnelle. Ils les dresseront surtout contre tout mineur qui aurait attaqué une sole ou piliert réservé pour la conservation de la mine, ainsi que contre tout mineur qui, étant exclu, pénétrerait ou chercherait à pénétrer dans la mine, malgré la défense qui lui en aurait été faite.

Ils dresseront de semblables procès-verbaux contre tous ceux qui se permettraient des voies de fait dans les mines.

Art. 50. Ils affirmeront leurs procès-verbaux dans les vingt-quatre heures, devant le Maire de Sem, ou, en son absence, devant l'adjoint.

Ces procès-verbaux seront enregistrés en debet, comme ceux des gardes forestiers.

Art. 51. Chaque soir, après le travail des mines, les jurats se réuniront en assemblée au village de Sem. Celui qui ne s'y rendrait pas sera soumis, à moins d'excuse reconnue légitime, à une retenue sur son traitement, de cinq francs, laquelle sera double en cas de récidive.

A cette assemblée, ils seront assistés d'un secrétaire nommé par le Préfet.

A chaque séance, ils feront le rapport des circonstances remarquables qui se seront présentées dans les mines, des dangers qu'ils auraient observés sur quelques points, des chantiers qu'il conviendrait d'interdire, soit pour cause de danger, soit pour mauvaise qualité de minerai, des piliers ou soles à réserver, des réparations extraordinaires à faire, des contraventions aux règlements qui auraient été commises, des peines infligées ou à infliger pour ces contraventions ou pour cause d'insubordination, etc. Ils délibèreront sur ces divers objets, et le secrétaire consignera les délibérations prises sur un registre à ce destiné.

Un arrêté du préfet règlera les détails relatifs aux travaux et à la discipline de l'assemblée.

Art. 52. Le secrétaire transcrira aussi sur le registre des délibérations, et dans leur entier, les procès-verbaux dressés par les jurats.

Il assistera les jurats, lorsqu'il en sera requis par eux, pour la rédaction de leurs procès-verbaux.

Dès qu'un procès-verbal aura été affirmé, le secrétaire le fera enregistrer, et il le transmettra en original au procureur du roi près le tribunal de première instance de l'arrondissement, il en adressera une copie au Préfet.

L'enregistrement et les envois des procès-verbaux seront faits à la diligence du Secrétaire qui demeurera responsable de toute négligence à cet égard.

Art. 53. Les jurats feront encore tenir par leur Secrétaire le registre servant au contrôle exact et journalier des mineurs, prescrit par le décret du 3 janvier 1813. A cet effet, les jurats prendront chaque jour note des ouvriers qui, étant inscrits sur la liste des mineurs, ne se sont pas rendus aux mines, et ils feront porter leur nom au registre.

Art. 54. Le fonds pour le traitement des jurats continuera à être fait à l'aide :

1° De un centime et un quart payé par chaque mineur, pour chaque charge ou volte de minerai (de 60 kilogrammes) qu'il aura extraite ;

2° De un franc payé par tout mineur contre lequel un jurat aura porté une plainte que l'assemblée des jurats aura reconnue fondée.

Art. 55. Ces deniers seront remis par les mineurs eux-mêmes, ou par l'intermédiaire des jurats, au Secrétaire des jurats qui en demeurera dépositaire. Le Secrétaire poursuivra, s'il est nécessaire, la rentrée de ces deniers, soit en requérant l'exclusion des mines des retardataires, jusqu'au paiement des sommes dues par eux, soit en les citant devant le juge de paix du canton.

Art. 56. A la fin de chaque mois, chacun des cinq jurats recevra un sixième du montant des sommes ainsi perçues dans le mois. Le dernier sixième sera partagé en deux parties égales, dont l'une sera allouée au secrétaire des jurats. La dernière partie sera affectée aux frais et loyer de bureau pour l'assemblée des jurats, et en cas d'excédant, à des gratifications accordées à la fin de l'année, à ceux des jurats qui auraient mérité, dans l'exercice de leurs fonctions, des témoignages particuliers de satisfaction.

Art. 57. Il est défendu aux jurats de prélever, soit en minerai, soit en argent, aucune autre rétribution que celles qui sont déterminées dans l'article 54 ci-dessus. Il leur est également défendu d'extraire à leur profit aucune charge de minerai.

Art. 58. Il y aura nécessairement lieu à la suspension ou même à la destitution du jurat qui n'exécuterait pas les ordres donnés par l'Ingénieur des mines ou par le Préfet, pour assurer, soit la continuation de l'extraction des minerais, soit la reprise des travaux suspendus, ou qui négligerait de donner avis au maire de Sem et à l'Ingénieur des mines, d'une coalition entre les ouvriers, tendant à la suspension des travaux des mines.

Il y aura lieu à la destitution pour toute extraction ou perception de minerai ou d'argent faite par un jurat, en contravention à l'article 57 ci-dessus.

Pour des cas moins graves, il pourra être fait une retenue sur leurs traitements.

Il sera statué, à ce sujet, par le Préfet sur les plaintes de l'Ingénieur des mines ou des autorités locales et sur l'avis de l'Ingénieur en chef des mines.

La décision emportant destitution sera soumise à l'approbation du Directeur général des ponts et chaussées et des mines.

Art. 59. La retenue opérée sur le traitement d'un jurat servira à accroître le fonds destiné aux gratifications des jurats qui se seraient distingués.

Art. 60. La suspension des fonctions d'un jurat entraînera la suspension de son traitement : pendant ce temps, il ne pourra paraître aux mines, et il sera suppléé par un des anciens jurats désigné à cet effet par le Préfet, sur la proposition de l'Ingénieur des mines.

Art. 61. Le jurat qui aurait été destitué ne pourra être admis à travailler dans les mines, qu'un an après sa destitution. Il sera remplacé par un jurat de la même commune, nommé conformément à ce que prescrivent les articles 54, 55 et 56 ci-dessus.

SECTION III.

DES MINEURS.

Art. 62. Les mineurs de Rancié seront pris dans les huit communes composant l'ancienne vallée de Viedessos. Le nombre en sera déterminé, d'après les besoins de l'exploitation, par le Préfet du département de l'Ariége, sur le rapport de l'Ingénieur en chef des mines, et sauf l'approbation du Directeur général des ponts et chaussées et des mines. L'admission aux travaux des mines aura lieu sur les demandes adressées au Préfet, lequel statuera sur l'avis des Ingénieurs des mines, et après que les maires réunis, comme il est dit à l'article 54, auront été entendus.

Art. 63. Chaque année, le Préfet, conformément au mode qui aura été ainsi déterminé, nommera, sur la proposition de l'Ingénieur des mines, les individus qu'il croira devoir être ajoutés à la liste des mineurs de l'année précédente ; par suite de cette nomination, lesdits individus auront la qualité de mineurs de Rancié.

La liste sera imprimée et servira au contrôle journalier des mineurs mentionné en l'article 55.

Art. 64. Ainsi qu'il est dit en l'article 4, les mineurs continueront à se payer eux-mêmes de leur travail, par la vente des charges ou voltes de minerai qu'il leur sera prescrit d'extraire. Ils porteront ces charges immédiatement après leur exploitation, sur la place située à la sortie de la mine, et ils les vendront aux muletiers acheteurs, de la manière et aux taux qui leur seront indiqués ci-après.

Art. 65. Sur ce prix, les mineurs seront tenus, non-seulement de se fournir de tous les outils et autres objets nécessaires à leur travail et d'entretenir leurs chantiers, mais encore de faire toutes les réparations qui se rapportent à l'exploitation du minerai et tous les travaux extraordinaires dits corvées qui leur seront commandés à cet effet par les jurats; ainsi, ils devront aller aux forêts couper, préparer et transporter les bois nécessaires aux étançonnements, déblayer les passages qui auraient été encombrés par les éboulements, etc., etc.

Art. 66. Tout mineur, auquel un jurat ordonnera de sortir des mines, devra obtempérer sur-le-champ à cet ordre et ne pas rentrer de la journée. Il en sera de même si l'ordre de sortir est donné par le conducteur principal des travaux, ou par l'ingénieur des mines, lesquels pourront porter à une durée de deux jours la défense de rentrer dans les mines.

Art. 67. L'assemblée des jurats pourra, sur la réquisition de l'un d'entr'eux ou du conducteur principal ou du maire de Sem, ou de l'Ingénieur des mines, exclure un mineur du travail des mines pour un temps qui, suivant la gravité des cas, variera de deux jours à un mois, et qui sera double en cas de récidive. Lorsque l'exclusion excèdera huit jours, le Préfet devra en être informé, et lorsqu'elle sera d'un mois ou plus, la décision des jurats sera soumise à son approbation.

Un arrêté du Préfet déterminera les rapports à établir entre la gravité des fautes et le temps de l'exclusion.

Art. 68. Pour des fautes plus graves, le Préfet, sur les rapports des jurats et de l'Ingénieur des mines, pourra prononcer l'exclusion du mineur pour un temps variable de deux mois à deux ans, ou même sa radiation de la liste des mineurs. Lorsque la durée de l'exclusion excédera un an, la décision devra être soumise à l'approbation du Directeur général des ponts et chaussées et des mines.

Art. 69. Toute coalition ou intelligence entre les mineurs pour un refus d'obéissance aux ordres des jurats, sera passible de l'exclusion des mines, sans préjudice de l'application des dispositions de l'article 415 du code pénal, relatives aux ouvriers coalisés.

Art. 70. Tout mineur exclu du travail des mines sera regardé comme étranger aux mines de Rancié, pendant la durée de l'exclusion. Les jurats de service à l'entrée des mines seront responsables de l'exécution des exclusions prononcées. Si malgré leur défense, un mineur exclu voulait pénétrer ou pénétrait dans la mine, les jurats de service dresseront un procès-verbal pour faire poursuivre le contrevenant devant les tribunaux, en exécution des art. 29 et 31 du décret du 3 janvier 1813, sur la police des mines.

TITRE IV.

De la vente du minerai.

SECTION Ire.

QUALITÉ DU MINERAI.

Art. 71. Tout le minerai que l'on rencontrera en suivant l'exploitation telle qu'elle doit être conduite, conformément aux règles posées par les articles 6 à 15 ci-dessus, sera extrait et vendu à la sortie des mines, à moins qu'il ne soit reconnu trop pauvre ou de mauvaise qualité.

Art. 72. Le degré de richesse ou de contenance en fer, au-dessous duquel le minerai étant reconnu trop pauvre pour être livré au commerce, ne devra plus être extrait, sera fixé, chaque année, par le Directeur général. La proposition sera faite par l'Ingénieur des mines, sur l'avis de l'assemblée des jurats. Elle sera transmise au Préfet, qui demandera à plusieurs maîtres de forges du département leurs observations sur cette proposition, renverra le tout au rapport de l'Ingénieur en chef, et émettra sur ce rapport son opinion. Le tout sera transmis par le Préfet au Directeur général, qui statuera après avoir pris l'avis du Conseil général des mines.

Art. 73. Lorsque, dans le cours de l'exploitation, il se présentera un minerai d'une teneur douteuse, l'Ingénieur des mines soumettra ce minerai à des essais docimastiques, et selon que la quantité de fer qu'il aura rendue sera au-dessus ou au-dessous du taux fixé conformément à l'article précédent, il fera exploiter ou abandonner le minerai nouveau. L'Ingénieur rendra compte de cette circonstance à l'Ingénieur en chef et au Préfet du département.

Art. 74. Si l'on rencontre du minerai qui soit soupçonné de n'être pas d'une qualité satisfaisante, l'Ingénieur des mines, après en avoir référé à l'Ingénieur en chef et reçu ses instructions, fera exploiter ou abandonner ce minerai. Dans le cas de l'exploitation, si la qualité du fer produit par le minerai excite des plaintes, le Préfet décidera, après l'examen et sur le rapport de l'Ingénieur en chef des mines. Les réclamations qui pourraient s'élever contre la décision du Préfet seront transmises au Directeur général, qui statuera après avoir fait faire les essais convenables au laboratoire de l'Ecole royale des mines et sur l'avis du Conseil général.

Art. 75. Les jurats veilleront à ce que les mineurs n'exploitent point de minerai de richesse et de qualité inférieures à ce qui aura été réglé, conformément aux articles précédents. Ils veilleront surtout à ce qu'on ne mêle au minerai aucune espèce de terre ou roche stérile.

Le jurat de service devra inspecter les charges de minerai à la sortie des mines, et lorsque l'inspection aura fait connaître que le minerai est mélangé de matières étrangères, il en fera le départ, les terres et pierres seront jetées à l'écart, et le minerai reçu, vendu au profit du fonds spécial ; le mineur convaincu de fraude à ce sujet pourra être exclu des mines, conformément aux dispositions de l'article 69.

SECTION II.

PRIX DU MINERAI.

Art. 76. Le Préfet continuera à fixer, chaque année, le prix auquel le minerai devra être vendu, d'après le prix des denrées, servant à la subsistance des mineurs, et le prix du fer sur les forges du pays.

A cet effet, le Préfet désignera quatre mineurs et quatre maîtres de forge qui, réunis à l'ingénieur des mines, débattront le prix, et feront une proposition sur laquelle le Préfet décidera, après avoir pris l'avis de l'Ingénieur en chef des mines. La décision sera soumise à l'approbation du directeur général des ponts et chaussées et des mines. Elle sera ensuite affichée sur les places des mines, et copie en sera adressée à chacune des forges du département.

Art. 77. Le prix sera déterminé en centimes par charge ou volte de minerai de 60 kilogrammes, conformément aux anciens usages. Des balances à fléaux seront établies sur les marchés aux minerais pour peser les charges, en cas de contestation. Les poids étalonnés et vérifiés seront en fonte et marqueront directement la charge, la demi-charge et quart de charge, et demi-quart de charge.

Art. 78. Pour conserver l'uniformité dans les ventes et achats entre les muletiers qui achètent le minerai sur la place des mines, les entreposeurs de minerais et les maîtres de forges qui achètent de deuxième ou de troisième main, la pesée des minerais de Rancié continuera à être faite, dans chaque magasin ou dans chacune des forges qui s'approvisionnent aux mines de Rancié, avec des balances et des poids semblables à ceux qui sont mentionnés dans l'article précédent.

Le Préfet prendra les dispositions nécessaires pour que cette uniformité soit maintenue et constatée.

Art. 79. Les jurats de service à l'entrée des mines veilleront à ce que les mineurs ne vendent pas le minerai au-dessus du prix fixé, et à ce que les acheteurs le payent à ce prix et en argent comptant.

Art. 80. En cas de refus de la part des mineurs d'extraire du minerai au prix qui aura été fixé, et de coalition ou intelligence entr'eux, par suite de cette fixation, pour ne pas se rendre aux mines, les mineurs qui, étant sommés nominativement par les jurats de se rendre aux mines, n'obéiraient pas seront privés du travail des mines, ainsi qu'il est dit à l'article 69 ci-dessus.

Dans ces circonstances, les jurats qui négligeraient de remplir leur devoir pourront être suspendus ou destitués, conformément à ce que prescrit l'article 58 ci-dessus, sans préjudice des peines qui pourraient leur être infligées à ce sujet par les tribunaux.

SECTION III.

DU MARCHÉ AUX MINERAIS.

Art. 81. Il y aura devant l'entrée de chaque mine un emplacement dont l'étendue et les limites seront déterminées par un arrêté du préfet, et sur lequel sera porté et vendu tout le minerai extrait de cette mine.

Autour de cet emplacement, il pourra être permis aux mineurs travaillant à la mine, mais seulement à eux, de construire de petites barraques pour y renfermer leurs outils ainsi que le minerai qu'ils auraient extrait et qu'ils n'auraient pas trouvé à vendre dans la journée.

Art. 82. L'ensemble de la place et des baraques constituera la place du marché aux minerais de la mine, à l'entrée de laquelle tout sera situé. Cet ensemble fera partie de ladite mine, et sera en conséquence placé sous la juridiction des jurats, en même temps que sous celle du maire de Sem.

Art. 83. Lorsqu'un mineur voudra construire une baraque, il en fera la demande aux jurats qui lui assigneront l'emplacement de sa construction, ainsi que la grandeur et la forme à donner à la baraque, conformément au plan général qui aura été arrêté à ce sujet par le Préfet.

Art. 84. Les jurats se feront ouvrir ou ouvriront eux-mêmes les baraques, lorsqu'ils le jugeront convenable, pour reconnaître s'il ne s'y commet point de fraude par le mélange de terre ou de pierres avec le minerai.

S'ils trouvent de tels mélanges, ils procéderont comme il est dit à l'article 75.

Art. 85. Les acheteurs de minerai (muletiers et âniers) entreront au marché et en sortiront par les seules voies à ce destinées. Aucun ne pourra y entrer, s'il ne conduit avec lui la bête de somme qui doit immédiatement faire le transport du minerai acheté.

Art. 86. Les muletiers acheteurs seront servis à leur tour d'arrivée et sans préférence quelconque. ils prendront les charges de minerai au fur et à mesure de leur sortie de la mine et telles qu'elles seront.

En cas de contestation entre les muletiers pour une même charge ou entre les mineurs et les muletiers, le jurat de service, après avoir entendu les parties intéressées, décidera quel est le muletier qui doit prendre une charge contestée ou quel est le mineur qui doit livrer sa charge au muletier qui se présente. Le muletier ou le mineur qui refuserait de se soumettre à la décision du jurat sera renvoyé de la place du marché et tenu d'en sortir sur le champ.

Art. 87. Tant qu'il y aura sur la place des bêtes de somme à charger, aucun mineur ne pourra emporter sa charge dans sa baraque et refuser de la vendre, en prétextant qu'elle est déjà vendue, ou même qu'il veut la transporter sur ses propres bêtes de somme.

Art. 88. Lorsqu'il n'y aura plus de minerai sur la place, le jurat de service fera prendre dans celles des baraques qu'il désignera, la quantité de minerai nécessaire pour la charge d'une bête de somme qui se présenterait, de telle manière qu'un muletier ne s'en retourne jamais à vide, à moins d'un manque absolu de minerai.

Art. 89. Les jurats maintiendront le bon ordre sur la place du marché. A cet effet, ils en excluront, pour un ou plusieurs jours, suivant la gravité des cas, les mineurs ou muletiers qui contreviendraient aux réglements.

Ils dresseront des procès-verbaux contre les mineurs et les muletiers qui se permettraient envers eux des outrages ou des menaces ainsi que contre ceux qui se permettraient des voies de fait, qui exciteraient des rixes sur la place ou qui s'y présenteraient malgré la défense qui leur en aurait été faite.

Ces procès-verbaux seront transmis au procureur du roi, ainsi qu'il est dit à l'article 52 ci-dessus.

TITRE V.

Du fonds spécial des mines de Rancié.

Art. 90. Le fonds spécial des mines de Rancié formé en exécution de l'arrêté du gouvernement du 24 germinal an XI, par le produit du droit de cinq centimes pour charge de minerai de

Rancié (de 60 kilogrammes), continuera d'être alimenté par la perception de ce droit de cinq centimes payé par les acheteurs desdits minerais.

Art. 91. Le produit de cette recette continuera d'être versé dans la caisse du receveur général du département, qui en sera dépositaire. Le receveur général demeurera responsable de toute distraction de ce fonds et de tout paiement qui ne serait pas fait en vertu d'un crédit ouvert par le directeur général des ponts et chaussées et des mines.

Art. 92. Le fonds spécial des mines de Rancié continuera à demeurer affecté,

1° Aux travaux d'art, galeries de diverses espèces, recherches, etc., nécessaires à la conservation et à la bonne exploitation des mines;

2° A l'entretien des galeries de service;

3° Aux secours à donner aux mineurs blessés;

4° Au traitement du conducteur principal des travaux;

5° A diverses dépenses pour l'administration des mines de Rancié, telles qu'achats de registres, frais d'impression, frais de levers de plans, frais de laboratoire, etc., etc.

Art. 93. Au commencement de chaque année, l'Ingénieur en chef des mines dressera un projet de budget, présentant pour chacun des articles ci-dessus, les dépenses qu'il présumera devoir être faites dans l'année. Il transmettra ce projet au Préfet du département, lequel l'enverra, avec ses observations, au Directeur général des ponts et chaussées et des mines, pour être arrêté définitivement.

Art. 94. Les paiements seront effectués à l'aide de *bons* tirés sur le fermier ou receveur du droit de cinq centimes par charge de minerai.

Un arrêté du Préfet, approuvé par le Directeur général, statuera sur la forme de ces *bons*, sur la manière dont ils doivent être délivrés et sur les *certificats* qui doivent les accompagner.

Art. 95. A la fin de chaque trimestre, le fermier ou receveur du droit sur le minerai réunira les *bons* acquittés par lui et relatifs à chacun des chapitres de dépenses. Il dressera un bordereau pour chaque chapitre, de la manière qui lui sera prescrite et il l'enverra au Préfet avec les bons et certificats y relatifs. Le Préfet communiquera le tout à l'Ingénieur en chef des mines, qui vérifiera les bordereaux, ainsi que celle des pièces y annexées qui auraient été délivrées ou certifiées par l'Ingénieur ordinaire des mines.

Sur ces bordereaux ainsi vérifiés, puis visés par le Préfet, et en échange des bons annexés à chacun d'eux, le Préfet délivrera au fermier ou receveur, un mandat sur le receveur général du département, de la somme portée au bordereau.

Ces mandats, accompagnés de leurs bordereaux respectifs, seront pris pour comptant par le receveur général, et ils lui seront passés comme tels par le ministre, dans son réglement des comptes de l'année pour le fonds spécial des mines de Rancié.

Art. 96. Au commencement de chaque année, un double des divers bordereaux de l'année précédente, ensemble les *bons* et autres pièces à l'appui, ainsi que l'état de situation des dépenses et crédits dressés par l'Ingénieur en chef, sera transmis par le Préfet au Directeur général, pour le budget de l'année et la situation du fonds spécial des mines de Rancié, être arrêté définitivement.

TITRE VI.

Dispositions générales.

Art. 97. Les contraventions au présent réglement seront poursuivies conformément aux dispositions du titre 10 de la loi du 21 avril 1810, sur les mines, et du décret du 3 janvier 1813.

Proposé par le Conseiller d'Etat chargé de l'administration des ponts et chaussées et des mines.

Paris, le 29 mai 1833.

Signé, LEGRAND.

Approuvé :

***Paris, le 31 Mai* 1833.**

Le ministre secrétaire d'Etat du commerce et des travaux publics,

Signé, THIERS.

Vu pour être annexé à l'ordonnance royale du 31 mai 1833, enregistré sous le n° 2,938.

Le Ministre du commerce et des travaux publics,

Signé, THIERS.

Pour ampliation :

Le Maître des Requêtes, secrétaire général du ministère du commerce et des travaux publics,

Signé, EDMOND-BLANC.

Pour copie conforme :

Le Conseiller d'Etat, chargé de l'administration des ponts et chaussées et des mines,

Signé, LEGRAND.

Pour copie conforme :

Le Conseiller de Préfecture, Secrétaire général,

FAURE.

ORDONNANCE DU ROI

DU 31 MAI 1833

QUI DÉCLARE CONCESSIONNAIRES DES MINES DE FER DE RANCIÉ

LES HUIT COMMUNES QUI FAISAIENT PARTIE

DE L'ANCIENNE VALLÉE DE VICDESSOS

RECTIFIÉE D'APRÈS L'ORDONNANCE

DU 25 SEPTEMBRE 1833.

Louis-Philippe, roi des Français, à tous présents et à venir, salut.

Sur le rapport de notre Ministre secrétaire d'Etat du commerce et des travaux publics ;

Vu la demande présentée au Préfet de l'Ariége, le 27 décembre 1815, par les Maires de Vicdessos, Sem, Goulier-et-Olbier, Auzat, Saleix, Orus, Suc-et-Sentenac, Illier et Laramade, agissant au nom de ces communes, ladite demande tendant à ce que ces communes obtiennent, en vertu des articles 51 et 53 de la loi du 21 avril 1810, la concession et la délimitation de leurs exploitations sur les mines de fer de Rancié, dans une étendue de six kilomètres carrés, six hectares ;

Le plan à l'appui ;

L'affiche du 7 décembre 1814 ;

Le certificat de publications et affiches ;

Le rapport de l'Ingénieur en chef des mines, du 31 décembre 1816 ;

L'avis du Conservateur des forêts, du 17 janvier 1817 ;

L'arrêté du Préfet en date du 5 mars 1819 ;

Les observations présentées par ce même magistrat, et les diverses pièces y jointes ;

L'avis du Conseil général des domaines et forêts, du 30 mars 1819 ;

Les avis du Conseil général des mines, des 7 novembre 1816, 3 et 7 juillet 1819 et 15 novembre 1820 ;

L'avis du comité de l'intérieur du Conseil d'Etat, du 19 septembre 1821, et le projet d'ordonnance y joint ;

L'avis du Conseil général des mines, du 5 mai 1824 ;

L'opposition des maires de Siguer, Gestiés et Lercoul, du 15 septembre 1824 ;

La délibération des Conseils municipaux de ces trois communes, en date du 12 septembre 1824 ;

La réponse des Maires des communes de la vallée de Vicdessos, du 8 janvier 1826 ;

Les rapports des Ingénieurs des mines, des 23 juin et 8 juillet 1826 ;

L'avis du Préfet, du 26 octobre 1826 ;

Les observations présentées par vingt et un maîtres de forges de l'Ariége, le 18 novembre 1827 ;

Les rapports des Ingénieurs des mines, des 16 juin et 22 juillet 1828 ;

L'avis du Conseil général des mines, du 2 février 1829 ;

Les rapports de l'Ingénieur en chef des mines des 17 et 31 août 1829 ;

Les avis du Préfet, du 10 octobre 1829 ;

Le projet de règlement général pour les mines de Rancié, proposé par l'Ingénieur en chef des mines et approuvé par le Préfet, le 10 octobre 1829 ;

La demande formée, le 5 octobre 1829, par MM. d'Orgeix, tendant à obtenir la concession des mines de fer de Lercoul ;

Le plan et la pièce joints à cette demande ;

L'affiche du 30 décembre 1829 ;

Les certificats de publications et affiches ;

Le rapport de l'Ingénieur des mines, du 25 juillet 1830, et l'avis de l'Ingénieur en chef du 15 mars 1831 ;

L'arrêté du Préfet du 5 avril 1831 ;

L'avis du Conseil général des mines, des 12, 19 et 24 décembre 1831 ;

Le règlement général pour l'exploitation des mines de Rancié, arrêté par notre ministre du commerce et des travaux publics, sur la proposition du Directeur général des ponts et chaussées et des mines ;

Vu notre ordonnance de ce jour, qui accorde à MM. d'Orgeix une concession de mines de fer dans la commune de Lercoul ;

Vu l'arrêté des consuls du 24 germinal an XI, lequel établit un prélèvement de cinq centimes par quintal de minerai vendu, pour former un fonds spécial destiné à l'entretien des galeries et aux grands travaux qui seraient reconnus utiles, par la suite, à la conservation de l'exploitation ;

Vu les articles 51, 53 et notamment 55 de la loi du 21 avril 1810 ;

Considérant que les titres présentés par les Maires des huit communes composant la vallée de Vicdessos constatent une jouissance exclusive et non interrompue depuis plusieurs siècles, en faveur des habitants desdites communes ;

Que les lois des 24 juillet 1791 et 21 avril 1810, n'ont apporté aucun changement à cette jouissance, et qu'il en est résulté seulement pour ces communes l'obligation de faire régler les limites de leur concession ;

Considérant, néanmoins, que des réglements spéciaux sont nécessaires pour déterminer les modes d'exploitation convenables à la jouissance indivise des habitants, pour l'avantage réciproque des mineurs et des maîtres de forges, et conformément aux anciens usages et réglements ;

Notre Conseil d'Etat entendu,

NOUS AVONS ORDONNÉ ET ORDONNONS CE QUI SUIT :

Art. 1er. Les communes de Vicdessos, Sem, Goulier-et-Olbier, Auzat, Saleix, Orus, Suc-et-Santenac, Illier-et-Laramade (Ariége), sont déclarées concessionnaires des mines de fer de Rancié.

Art. 2. Cette concession comprenant avec extension sur le territoire de Lercoul une étendue de cinq kilomètres carrés, quarante-huit hectares, est limitée ainsi qu'il suit, conformément au plan annexé à la présente ordonnance :

Au levant et au midi, à partir de la Croix de Sainte-Tanoque, point U' du plan, par une ligne droite tirée au pic de l'Homme ou cime de les Couil, puis par une ligne brisée, se dirigeant vers le sud et ensuite vers l'ouest, en suivant jusqu'à la sommité du Calbo, point M' du plan, la crête qui sépare les eaux tombant, d'une part, dans la vallée de Sem, et d'autre part, dans la vallée de Siguer ;

Au couchant, à partir du point M', sommité du Calbo, par une ligne brisée, menée vers le sud, en suivant jusqu'au pic de Rizoul ou Berquié la crête qui sépare les eaux tombant, d'une part, dans la vallée de Sem, et d'autre part, dans la vallée de Goulier ;

Au nord, à partir du pic de Rizoul, point G du plan, par une ligne brisée, suivant la crête des montagnes et passant au col de Sem, au pic dit le Roc del Col et à la sommité dite Castels, traversant la vallée de Sem, et passant au rocher de Caraoucou, point D du plan, et remontant la crête dite Serrelongue jusqu'au pic d'Anders, point P du plan ; de ce dernier point par une ligne brisée, marquée P, R, T, U sur le plan, et aboutissant à la Croix de Sainte-Tanoque, point de départ.

Art. 3. L'exploitation de ces mines continuera d'avoir lieu suivant les usages locaux, conformément au règlement général, en date de ce jour, arrêté par notre Ministre du commerce et des travaux publics, sur la proposition du Directeur général des ponts et chaussées et des mines, lequel règlement restera annexé à la présente ordonnance.

Art. 4. Il continuera à être prélevé cinq centimes par charge ou volte de minerai vendu, pour former un fonds spécial destiné à acquitter les frais et les grands travaux de l'exploitation, ainsi que les charges imposées par la présente concession.

Art. 5. Les droits sur le produit des mines qui, en vertu des articles 6 et 42 de la loi du 21 avril 1810, doivent être attribués aux propriétaires des terrains du territoire de Lercoul, ajoutés à l'ancien territoire de Rancié, sont fixés à une indemnité annuelle de deux centimes par hectare, conformément à l'offre qui a été faite à ces propriétaires, dans les affiches de la demande en concession des mines de Lercoul.

Art. 6. Les redevances fixe et proportionnelle dues à l'Etat, en vertu des articles 33 et suivants de la loi du 21 avril 1810, et les indemnités qui pourraient être dues aux propriétaires du sol, en vertu des articles 43 et 44 de la même loi, pour dégâts et non jouissance de la surface, seront acquittés sur le fonds spécial énoncé à l'article 4 ci-dessus.

La redevance proportionnelle sera calculée d'après l'excédant des recettes annuelles du fonds spécial sur les dépenses.

Art. 7. La présente ordonnance sera publiée et affichée dans toutes les communes des cantons de Vicdessos et de Tarascon, et insérée dans la feuille d'annonces du département.

Art. 8. Nos Ministres Secrétaires d'Etat, du commerce et des travaux publics et des finances sont chargés, chacun en ce qui les concerne, de l'exécution de la présente, qui sera insérée au bulletin des ordonnances.

Donné au palais de Neuilly, le 31 mai 1833.

Signé, LOUIS-PHILIPPE.

Par le Roi :

Le Ministre Secrétaire d'Etat au département du commerce et des travaux publics,

Signé, A. THIERS.

Pour ampliation :

Le Maître des Requêtes, Secrétaire général du Ministère du commerce et des travaux publics,

Signé, EDMOND BLANC.

Pour copie conforme :

Le Conseiller d'Etat, chargé de l'administration des ponts et chaussées et des mines,

Signé, LEGRAND.

Arrêté relatif à la concession des mines de fer de Rancié.

Nous, maître des requêtes, Préfet du département de l'Ariége;

Vu l'ordonnance du roi, en date du 31 mai 1833, qui déclare les huit communes composant la vallée de Viedessos, concessionnaires des mines de fer de Rancié;

Vu le réglement général pour l'exploitation de ces mines, approuvé le 31 mai dernier, par M. le Ministre du commerce et des travaux publics, et annexé à l'ordonnance prévisée;

Vu les lettres de M. le Directeur général des ponts et chaussées et des mines, en date des 16 juillet et 14 novembre 1833.

Arrêtons :

Art. 1er. L'ordonnance du Roi, du 31 mai 1833, qui déclare concessionnaires des mines de fer de Rancié, les huit communes composant la vallée de Viedessos, et le réglement général du 31 mai 1833 pour l'exploitation de ces mines, seront imprimés en tête du présent arrêté, et immédiatement publiés et affichés dans toutes les communes des cantons de Viedessos et de Tarascon.

Art. 2. L'ordonnance sus mentionnée sera, en outre, insérée dans la feuille d'annonces du département de l'Ariége.

Fait à Foix, le 2 janvier 1834.

A. de Monicault.

Pour copie conforme :

Le conseiller de préfecture, secrétaire general,

Faure.

TROISIÈME PARTIE.

ENQUÊTES, OBSERVATIONS

DES MINEURS

ET DES HABITANTS DES COMMUNES CONCESSIONNAIRES

ET

DÉLIBÉRATIONS DES CONSEILS MUNICIPAUX

CONTRE

LE PROJET DE COULOIR OU PLAN INCLINÉ.

MINES DE FER DE RANCIÉ

(ARIÉGE).

PROJET D'UN CHEMIN DE FER ET PLANS INCLINÉS

DESTINÉS A DESCENDRE LES MINERAIS PROVENANT DE RANCIÉ.

Avis de l'ingénieur en chef.

Motifs et opportunité du projet. — L'étude d'un projet de descente économique du minerai de fer de Rancié, des mines à la route départementale de Vicdessos à Foix, a été provoquée par une double pétition adressée à Sa Majesté l'Empereur, en 1860; d'une part, par les huit communes concessionnaires desdites mines, et, d'autre part, par quelques-uns des maîtres de forges de l'Ariége. Des motifs exposés dans ces pétitions étaient la situation fâcheuse des forges et la nécessité de leur venir en aide, en réduisant le prix de l'une des deux matières premières de la fabrication du fer.

Cette question a excité depuis longtemps la sollicitude de l'administration des mines de Rancié, et si elle n'a pas reçu de solution, si même elle n'avait pas encore été l'objet d'une étude sérieuse, c'est surtout à cause de son défaut d'opportunité. L'exécution d'un moyen économique de descente pour le minerai de Rancié doit avoir, en effet, pour conséquence inévitable, de supprimer le nombreux personnel des muletiers qui opèrent aujourd'hui cette descente, et il n'avait paru jusqu'à présent ni juste ni prudent de provoquer cette suppression. Aujourd'hui, les circonstances ne sont plus les mêmes, bien qu'en apparence il ne soit survenu aucun changement. Il existe un nouveau procédé de fabrication du fer qui sera prochainement mis à l'essai dans l'Ariége et qui, si je ne trompe, doit amener une modification radicale dans cette fabrication et en accroître singulièrement les produits. La localité de Vicdessos se prêtera particulièrement à l'application de ce nouveau procédé, à cause de la proximité du minerai. Il en résultera que toutes les forces motrices disponibles dans cette commune pourront être utilisées, et que, soit pour la fabrication du fer, soit pour le transport des matières premières et des produits, les usines de Vicdessos seront en mesure d'occuper, désormais, un personnel d'ouvriers bien plus considérable que par le passé. Si le projet que nous proposons est adopté, il ne pourra guère être exécuté avant deux ans, et ces deux années me paraissent suffisantes pour que la transformation des usines de Vicdessos ait le temps de s'opérer. C'est pour cela que je regarde le projet de descente économique comme possédant, outre ses autres avantages, celui de l'opportunité.

Utilité du projet. — Le projet en question sera avantageux pour les consommateurs du minerai de Rancié; cela est incontestable, puisqu'il aura pour résultat immédiat de faire baisser notablement le prix de vente de ce minerai.

Il sera avantageux aussi pour les producteurs du minerai ou les mineurs ; cet avantage résultera principalement de ce que l'exécution des plans inclinés permettant de transporter le carreau de la mine sur la route départementale et d'y vendre le minerai au comptant, il sera possible de faire payer aussi le travail des mineurs en argent comptant et intégralement, ce que l'on n'a pu obtenir jusqu'à présent. La raison en est que l'administration de la mine n'a pas d'action sur les détenteurs du minerai, dès que ce dernier a quitté les places du marché, tandis qu'elle en aura une très-efficace sur le gérant du magasin placé à l'extrémité des plans inclinés.

Le commerce du minerai, ainsi que l'a fait observer M. Mussy, pourra se continuer comme par le passé, en perdant seulement ce qu'il avait d'abusif et d'immoral ; les entreposeurs achèteront le minerai en magasin, au comptant, et le revendront, à crédit, aux maîtres de forges.

Quant à ces derniers, ceux d'entre eux qui voudront acheter au comptant s'adresseront au magasin ; les autres feront charger chez les entreposeurs.

Enfin, le projet de descente économique pourrait avoir des résultats très-utiles pour les communes concessionnaires des mines de Rancié. Jusqu'à présent, les communes n'ont retiré aucun revenu de ces mines ; mais, après l'exéution du projet, il paraîtrait sans doute très-juste qu'une portion des sommes économisées sur les frais de transport du minerai leur fût attribuée. Le prélèvement s'en ferait de la même manière que pour les sommes destinées à l'administration de la mine, et elles pourraient être employées à la création ou à l'entretien d'établissements d'utilité publique.

Nature du projet et choix du tracé. — Parmi les divers moyens de conduire le minerai de Rancié, des chantiers d'extraction à la route départementale, celui qui est décrit dans le rapport de de M. Mussy a paru le plus convenable. Il consiste à faire charger le minerai dans des vagons, dans l'intérieur de la mine, par les mineurs de chaque chantier, et à l'amener ensuite, dans les mêmes vagons, jusqu'au magasin général placé sur la route. On évitera de cette manière les frais de main d'œuvre et les pertes de temps causés par les déchargements, ainsi que la formation du menu, toujours préjudiciable à l'emploi du minerai.

Il faudra pour cela, disposer d'abord l'intérieur de la mine, de manière à faire sortir tout le minerai par la galerie Becquey ; à partir de l'entrée de cette galerie, le minerai sera ensuite conduit par un système de paliers et de plans inclinés, jusqu'à la route départementale.

Trois tracés pourraient être adoptés ; ils sont indiqués tous les trois dans les plans joints au projet. Le rapport de M. Mussy fait connaître les motifs, auxquels j'ai adhéré, qui ont fait donner la préférence au tracé aboutissant au centre du village de Vicdessos. Ce tracé a été, seul, l'objet d'une étude complète.

Détail du projet. — Le projet comprend :

1° Les travaux à entreprendre, dans l'intérieur de la mine, lesquels consistent dans l'établissement d'un plain incliné automoteur, reliant le niveau de Sainte-Barbe avec la galerie Becquey; dans les travaux destinés à compléter l'appropriation de cette galerie, jusqu'au pied du plan incliné, et dans les travaux nécessaires pour faciliter aux mineurs le transport du minerai, à dos, depuis les chantiers d'extraction jusqu'à la tête du plan incliné ;

2° Un chemin de fer, à pente douce, commençant à la place de Becquey et sur lequel les vagons pleins, sortant de la mine, descendront par leur propre poids jusqu'à la tête du plan incliné bis automoteur ;

3° Un plan incliné bis automoteur, à l'aide duquel les vagons pleins descendront jusqu'à un plateau situé à peu de distance de Vicdessos, et les vagons vides seront remontés à un niveau suffisant pour pouvoir descendre, par leur propre poids, jusqu'à la place de Becquey ;

4° Un plan incliné automoteur, sur lequel les vagons pleins descendront du plateau désigné ci-dessus au village de Vicdessos, et les vagons vides seront remontés de la même hauteur ;

5° Un magasin pour le minerai, placé au pied du plan incliné;

6° Une maison d'habitation à Sem.

Le rapport de M. Mussy est accompagné de 18 planches sur lesquelles se trouvent représentées es différentes parties du projet, dans leur ensemble et dans tou leur détail.

L'ensemble des travaux à effectuer est estimé, dans le rapport de M. Mussy, à une somme de 155,846 fr. 59 c., dans le cas où l'administration des forêts fournirait les bois nécessaires à la construction de la maison d'habitation de Sem, et, dans le cas contraire, à 166,594 fr. 46 c.

Observations. — L'étude du projet dont il est question a été faite par M. Mussy avec le plus grand soin, le rapport ci-dessus en est la preuve évidente.

Les levées sur le terrain ont donné une exactitude remarquable.

Dans le tracé qui a été adopté, il n'y aura qu'un petit nombre de travaux d'art, d'une exécution facile.

Les travaux de déblai et de remblai seront aussi relativement peu considérables et permettront de donner à la voie toute la solidité désirable.

Les dimensions et le poids adoptés pour les rails sont justifiés par l'expérience faite aux mines de Rancié, pendant les dernières années, pour les travaux de la galerie Becquey.

Les formes, dimensions et dispositions des engins et du matériel ont été établis en prenant pour modèle ce qui existe dans les mines de houille de Champclauson et de Portes.

Pour les devis estimatifs des divers travaux, on s'est servi des renseignements consignés dans des ouvrages spéciaux sur la matière, en les contrôlont à l'aide des prix en usage dans le pays.

Je ne crois pas devoir examiner ici les modifications que le projet dont il s'agit apporterait dans le mode de vente du minerai de Rancié, tel qu'il a été pratiqué jusqu'à ce jour. Je me bornerai à dire que ces modifications pourraient très-bien se concilier avec l'esprit du règlement général du 31 mai 1833.

J'ai seulement à présenter deux observations au sujet des deux dernières parties du projet, le magasin du minerai et la maison d'habitation.

Magasin du minerai. — D'après le projet, le minerai arrivant à Vicdessos serait versé dans un seul magasin, à l'exception de celui qui serait livré immédiatement aux rouliers. Cette disposition est incomplète ; elle ne permettrait pas de se rendre compte du déchet éprouvé par le minerai, pendant son séjour dans le magasin, et de comparer le poids du minerai vendu au magasin avec le poids du minerai reçu à la mine. Pour arriver à ce résultat, il est indispensable que le minerai soit reçu dans deux magasins distincts, lesquels, alternativement, seraient remplis et vidés en totalité.

Du reste, les dimensions du magasin proposé dans le projet permettraient de le diviser en deux parties, sans en changer la disposition générale. Il n'y aurait à faire que quelques modifications à la façade. Il faudrait ensuite modifier un peu les dispositions de la place d'arrivée du minerai, de manière à pouvoir diriger tous les vagons, tantôt sur l'un des magasins, tantôt sur l'autre.

Ces changements n'apporteraient pas d'altération notable sur le montant des sommes qui figurent au devis estimatif du magasin.

Maison d'habitation (1). — Quant à la maison d'habitation, celle qui serait construite à Sem, auprès de la place de Becquey, devrait être destinée à loger seulement le conducteur des travaux et l'employé secondaire.

Mais il serait, je crois, convenable aussi qu'il y eût, à Vicdessos, à côté du magasin de minerai, une maison d'habitation pour l'ingénieur ordinaire, avec un pied à terre pour l'ingénieur en chef. La disposition des lieux se prêterait très-bien à cette construction.

Il y a donc, à mon avis, une modification à faire au projet et au devis estimatif, en ce qui concerne la maison d'habitation.

Voies et moyens. — Il résulte, des documents et des calculs consignés dans le rapport de M. Mussy, qu'en maintenant le prix actuel du minerai, pour les mineurs, le prix de vente, au magasin

(1) C'est la maison d'administration et les bureaux.

de Vicdessos, après l'exécution du projet des plans inclinés, pourrait être fixé à 1 fr. 25 c. les 100 kilos.

Or, le prix actuel est de 1 fr. 75 c. ; il y aurait donc une économie de 0 fr. 50 c. par 100 kilos de minerai. En admettant une extraction annuelle de 180,000 quintaux métriques, ce qui n'est pas exagéré, il en résulte une économie de 90,000 francs par an.

Il serait, comme on voit, très-aisé de prélever sur cette somme de quoi amortir, par annuité, les dépenses que nécessiterait l'exécution du projet, tout en faisant jouir immédiatement les maîtres de forges d'une réduction notable sur le prix actuel du minerai.

On peut donc regarder, comme suffisamment établi, que le remboursement des avances, pour l'établissement d'une voie économique de transport, des mines à la route départementale, serait assuré.

Il reste à examiner la question de savoir par qui pourraient être faites les avances de fonds, ou, en d'autres termes, à qui serait confiée l'exécution du projet.

A mon avis, il n'y a que deux solutions praticables : l'exécution du projet par les ingénieurs chargés du service de Rancié, à l'aide d'une avance de fonds faite par l'Etat, ou bien l'exécution par un concessionnaire, qui ferait lui-même les avances, et auquel il faudrait abandonner l'exploitation de la nouvelle voie pendant un temps assez long pour qu'il pût se couvrir de ses avances et réaliser un bénéfice raisonnable.

La seconde solution paraîtra peut-être la plus simple, et elle serait assurément la plus commode pour les ingénieurs. Mais elle donnerait lieu à plusieurs inconvénients.

D'abord, il ne serait pas facile de trouver un concessionnaire pour un projet de nature complexe, comme celui dont il s'agit. Cette difficulté levée, le concessionnaire ne s'en tiendrait pas sans doute au projet préparé par les ingénieurs ; il croirait prudent de le faire étudier à nouveau, ce qui occasionnerait d'assez longs retards. En outre, le concessionnaire ne devant jouir de la nouvelle voie que pendant un temps limité n'aurait pas d'intérêt à donner aux constructions et aux appareils la solidité nécessaire pour leur assurer une longue durée. Il serait d'ailleurs assez difficile de fixer d'avance la durée de la jouissance, de manière à concilier les intérêts du concessionnaire avec ceux des maîtres de forges. Pendant le temps de cette jouissance, les maîtres de forges ne trouveraient pas leurs intérêts suffisamment garantis, vis-à-vis du concessionnaire, auquel on aurait été obligé de laisser une certaine latitude pour la fixation du prix de vente, en vue des éventualités de chômage. Enfin, pendant la même période de temps, l'administration n'aurait pas assez d'action sur le concessionnaire pour garantir non plus, d'une manière suffisante, les intérêts des mineurs.

Ces inconvénients n'existeraient pas si l'exécution du projet était confiée à l'administration de la mine de Rancié ! Le projet proposé par M. Mussy peut être considéré comme définitif, et les travaux pourraient être commencés immédiatement après son adoption si, comme cela est vraisemblable, l'achat des terrains se faisait à l'amiable et ne rendait pas nécessaire une déclaration d'utilité publique, précédée d'une enquête administrative. Immédiatement après l'achèvement des travaux, les maîtres de forges entreraient en jouissance d'une réduction notable et certaine sur le prix du minerai. D'un autre côté, les intérêts des mineurs seraient garantis, puisque le gérant du magasin serait une espèce d'entrepreneur à forfait, sur lequel l'administration exercerait une action réelle et efficace.

Je dois d'ailleurs faire observer ici qu'une portion des dépenses du projet ne pourra être faite que par l'administration de Rancié ; ce sont celles relatives aux travaux qui devront avoir lieu dans l'intérieur de la mine et à l'achat des terrains. Pour les dépenses il faudra donc recourir à une avance de fonds faite par l'Etat, alors même que le reste du projet serait confié à un concessionnaire.

Conclusion. — D'après ce qui précède, je suis d'avis qu'il y a lieu d'approuver le projet de descente économique du minerai de Rancié, décrit dans le rapport de M. Mussy, et d'en autoriser l'exécution à l'aide d'une avance de fonds faite par l'Etat.

Toulouse, le 1er août 1861.

L'ingénieur en chef des mines,
Signé : Vène.

A M. VÈNE, ingénieur en chef des mines, à Toulouse.

Monsieur l'ingénieur en chef,

Je viens de lire, avec une pénible surprise, un avis signé de vous, qui approuve le projet de *plans inclinés* et de chemin de fer dont M. Mussy veut doter, malgré eux, les concessionnaires des mines de Rancié.

Il y a quelques mois, j'avais eu l'occasion de discuter ce projet avec vous ; vous l'avouerai-je, j'avais eu la faiblesse de croire que vous aviez, à peu près, partagé mes convictions. Cette faiblesse était excusable, puisque vous m'aviez formellement déclaré que vous alliez soumettre le projet à l'opinion publique, en provoquant une enquête *spéciale* dans le canton, qui aurait fourni aux concessionnaires le moyen de manifester librement leur opinion ; il paraît que je m'étais trompé. Puisqu'il en est ainsi, vous allez me permettre de reprendre la discussion ; cette fois, l'opinion publique nous jugera.

En tête de votre avis, vous éprouvez le besoin de rappeler que le projet a été provoqué par une pétition des communes concessionnaires ; comme si vous ignoriez de quelle façon cette pétition a été mise au monde, comme si vous aviez oublié que tous ceux qui l'ont commise l'ont plus tard énergiquement rétractée, par des protestations signées.

A votre place, j'imiterai la rude franchise de M. Mussy, et je reconnaîtrais que je veux faire *le bien* des propriétaires de la mine, *malgré les propriétaires eux-mêmes.* Il est vrai qu'une pareille façon de procéder n'est pas tout-à-fait en harmonie avec l'idée que l'on se fait généralement du droit de propriété ; il est vrai que quelques personnes plus ou moins malintentionnées pourraient se rappeler, fort mal à propos, que l'ordonnance de concession n'autorise pas MM. les ingénieurs à agir ainsi. Mais qu'importe. N'êtes-vous pas les plus forts ?

Puisque vous vous arrogez le droit d'agir, malgré les propriétaires, voyons, au moins, si c'est pour leur bien :

« Il existe, dites-vous, un nouveau procédé de fabrication de » fer, qui *sera prochainement mis à l'essai* dans l'Ariége, et qui, » *si je ne me trompe*, doit amener une modification radicale dans » cette fabrication, et en *accroître singulièrement les produits.* » Voilà pourquoi vous considérez le projet comme ayant, entre autres avantages, celui de *l'opportunité.*

Vraiment ! vous comptez sur un procédé pour accroître singulièrement le produit de la fabrication du fer sans que l'essai de ce procédé ait encore été fait ! Et si vous vous trompez ? cela s'est vu : à la Ramade, par exemple. Que devient alors l'opportunité d'un projet, dont l'exécution coûtera près de 200,000 francs ?

Cette opportunité est d'autant plus compromise, que la méthode que vous préconisez remonte aux temps les plus anciens. Un spécialiste distingué écrivait en 1857 : « Dès le commencement du » XVIIe siècle le procédé biscayen, constamment suivi dans le » comté de Foix, s'efface et fait place à la méthode catalane ; » ce qui doit faire supposer que cette dernière est préférable, puisqu'elle lui a survécu. Du reste, quelles que soient sa perfectibilité et vos illusions, pouvez-vous espérer qu'il luttera avec avantage contre le Haut-Fourneau et le procédé Bessemer ?

Vous passez ensuite à l'utilité : « Vous affirmez que l'exécution » du projet aura pour résultat de faire baisser notablement le » prix de vente du minerai. » Il résulte, en effet, de vos chiffres, que le magasin central que vous voulez établir pourra baisser le prix de vente de cinquante centimes par cent kilos; je veux admettre que vos chiffres soient exacts; mais vous oubliez qu'il faudra payer le minerai du magasin central en argent comptant; que le crédit et le terme sont des éléments à peu près indispensables dans les opérations commerciales; que vous avez dit vous-même : « Les entreposeurs achèteront le minerai au magasin *au* » *comptant*, et le revendront *à crédit* aux maîtres de forges. » Auriez-vous supposé peut-être, que les entreposeurs voudront courir les chances du crédit sans escompte, dans un but uniquement philanthropique? Ne deviez-vous pas comprendre que la vente à crédit a, pour conséquence forcée, l'anéantissement d'une réduction de prix qui n'existera que fictivement?

Si le procédé qui doit augmenter singulièrement le produit de la fabrication du fer ne réussit pas; si la baisse du prix de vente n'est qu'une fiction, où trouverez-vous l'augmentation de débouché, indispensable pour balancer les sommes que vous allez dépenser? Et si vous ne le trouvez pas, que deviendra le sort des mineurs, lorsque l'encombrement du magasin aura imposé le chômage?

Je sais bien que vous affirmez que le projet est avantageux pour tout le monde; vous ajoutez « qu'après l'exécution du projet, *il* » *serait juste* qu'une portion des sommes économisées sur les » frais de transport fût attribuée aux communes concessionnaires » (en vérité!); elle pourrait être employée à la création ou à » l'entretien d'*établissements d'utilité publique*. »

Cet établissement que vous avez en vue ne peut être qu'un hôpital.

Je ne dirai rien « des motifs qui vous ont fait donner la pré» férence au tracé aboutissant au centre du village de Vicdessos ; » ce tracé a été, seul, l'objet d'une étude complète. »

C'est avouer que les deux autres tracés n'avaient pas à l'avance vos sympathies et que vous n'en avez parlé que pour la forme.

L'exécution du projet coûtera, d'après M. Mussy, 155,816 fr 59 si l'administration des forêts fournit le bois; dans le cas contraire, 166,594 fr. 46 c.

Ces chiffres nous paraissent bien lourds pour les pauvres concessionnaires; on aurait pu, ce nous semble, se préoccuper d'un système employé en Savoie, et qui a parfaitement réussi. Ce sont des câbles de fer sur lesquels se meuvent des paniers descendant sur des roulettes. D'après nos renseignements, l'application de ce système serait beaucoup moins onéreuse (50 ou 60 mille francs au plus) que celle du projet de M. Mussy. Il nous semble que M. l'ingénieur ordinaire aurait bien pu écrire à ses collègues de Savoie pour tâcher d'économiser le plus possible les ressources déjà si restreintes des concessionnaires de Rancié.

Après les éloges de rigueur donnés à M. Mussy, vous trouvez la dépense à faire presque insignifiante; et vous avez raison! Qu'est-ce que c'est que cette misérable somme de 166,594 fr. 46 c., en comparaison de celles que va produire le fameux procédé dont vous n'avez pas encore fait l'essai? Aussi, vite vous faites deux observations :

1° Il faut deux magasins, au lieu d'un seul, proposé par M. Mussy ; 2° il faut deux maisons d'habitation, au lieu d'une seule : « il serait convenable qu'il y eût à Vicdessos, à côté du » magasin, une maison d'habitation pour l'ingénieur ordinaire, » avec un pied-à-terre pour l'ingénieur en chef. »

C'est juste : quand on fait le bien des gens, malgré eux, on a le droit de ne pas tout-à-fait s'oublier soi-même.

Vous passez ensuite à l'économie qui va résulter du nouveau système. Vous supposez qu'il y aura un chiffre d'extraction d'au moins 180,000 quintaux métriques de minerai par an ; le minerai extrait, vous le vendez immédiatement, sans doute, et par des calculs que j'avoue n'avoir pas bien compris, mais qui doivent être péremptoires, vous démontrez que l'on va économiser 90,000 fr. par an.

Il n'y a qu'une chose qui manque, pour que vos calculs aient une portée. C'est la certitude du débouché que, pour ma part, je ne trouve pas démontrée le moins du monde.

Jusqu'à ce que vous ayez établi cette certitude, je vous dirai que vous allez dépenser, sans droit, des sommes énormes, au détriment des concessionnaires, pour arriver à entasser du minerai, qui ne servira, peut-être, qu'à produire des champignons.

Arrivons enfin à l'exécution : c'est ici que vous montrez clairement comment vous entendez faire le bien des concessionnaires malgré eux.

Deux projets : 1° Exécution par les ingénieurs, avec une avance de fonds faite par l'Etat ; 2° Exécution par un concessionnaire.

Vous vous gardez bien d'adopter ce second projet ; vous trouvez mille raisons pour l'écarter ; elles sont meilleures les unes que les autres. Je recommande entre autres celle-ci à l'attention du public : « Le concessionnaire ne s'en tiendrait pas sans doute au » projet préparé par les ingénieurs ; il croirait *prudent* de le faire » étudier à nouveau, ce qui occasionnerait d'assez longs retards. »

Cette modestie vous honore !

Du reste on s'attendait à la solution. On comprend aisément que ce n'était pas la peine d'imaginer des travaux gigantesques d'une utilité problématique, s'ils avaient dû être exécutés par un autre que par leur inventeur.

En outre, il vous fallait, comme vous le dites à deux reprises dans votre avis, *une action efficace* sur le gérant du magasin central ; en un mot, vous voulez gérer vous-mêmes en maîtres absolus, sans vous préoccuper si l'entreposeur voudra engager ses capitaux dans des conditions qui n'offrent aucune garantie de liberté.

Vous avez déclaré que le monopole était la cause de la ruine des concessionnaires de Rancié, et vous faites tous vos efforts pour créer un monopole sous votre direction ; M. Mussy a conspué les magasiniers et vous voulez être les plus importants magasiniers de Vicdessos ; voilà la dernière expression de la vérité !

Maintenant, rentrons un instant en nous-mêmes et apprécions froidement, si c'est possible, la position que vous voulez vous faire et nous faire en même temps. Je rends hommage, M. l'ingénieur en chef, à votre mérite et à votre honorabilité ; vos intentions sont excellentes, j'en suis sûr ; mais permettez-moi de vous le dire, je crains que vous ne vous soyez laissé entraîner un peu trop promptement par des apparences chimériques. Si vous persistez dans vos intentions, vous vous exposez à compromettre l'avenir de la mine de Rancié ; vous vous exposez à laisser croire que vous, homme expérimenté et consciencieux, vous avez voulu, quand même, exécuter aux frais des concessionnaires des travaux onéreux dont il vous est impossible de garantir le résultat, et cela, pour arriver à un monopole d'autant plus étrange que vous avez toujours considéré le monopole comme la seule cause de la misère de la vallée.

Au nom de mon pays, au nom des intérêts sacrés que je défends, je fais un dernier appel à votre loyauté et à votre honneur qui me sont bien connus ; je vous adjure de réfléchir encore, avant de consommer un fait que je considère comme la ruine évidente de la vallée de Vicdessos.

Daignez agréer, Monsieur l'Ingénieur en chef, l'assurance de ma respectueuse considération.

R. Barbe.

Vicdessos, le 14 décembre 1862.

Réponse de M. Vène, ingénieur en chef des mines, à M. Raymond Barbe.

Toulouse, le 22 décembre 1862.

« MON CHER MONSIEUR BARBE,

» Je reçois aujourd'hui votre lettre du 14 de ce mois, manuscrite et imprimée. Si vous avez été surpris, dites-vous, en lisant mon avis inscrit à la suite du rapport de M. Mussy sur le projet de plans inclinés de Rancié, ma surprise a été bien plus grande, je vous l'assure, en recevant votre communication. La forme de votre lettre manque de convenance, et la publicité que vous lui avez donnée annonce une intention blessante pour moi. Je le regrette, mais seulement à cause de vous, de qui je ne devais pas attendre un pareil procédé. Encore si ce défaut de forme se trouvait racheté par la justesse du fonds et la solidité des raisons ! mais vous vous bornez à dire et à répéter que le projet est funeste aux intérêts des concessionnaires, sans donner à l'appui d'autres raisons que les suivantes : 1° le chiffre des dépenses est trop élevé ; 2° le magasin général à établir à Vicdessos donnerait lieu à un encombrement de minerai ; 3° le prix de vente ne serait pas moindre que par le passé ; 4° le magasin général constituerait un monopole. Si vous aviez quelque peu réfléchi, avant de produire ces étranges assertions, vous auriez vu qu'elles se détruisent d'elles-mêmes. 1° D'abord pour attaquer le chiffre des dépenses, il aurait fallu entrer dans le détail du projet et du devis estimatif, et vous ne l'avez pas fait ; 2° l'encombrement de minerai serait assurément moins à craindre après l'exécution du projet que dans l'état actuel des choses, par la raison toute simple qu'il serait alors plus facile de le prévenir ; 3° le prix de vente, en magasin et au comptant, pourrait être réduit de 0,50 c. environ, par rapport au prix actuel ; or, vous ne parlez pas sérieusement, sans doute, quand vous dites que cette différence serait absorbée par les entreposeurs, et que les maîtres de forges qui achèteraient à crédit paieraient ce minerai aussi cher qu'ils le paient aujourd'hui ; 4° enfin, comment pouvez-vous avancer que la concentration du minerai dans un magasin unique constituerait par cela seul un monopole ? Vous n'ignorez pas cependant que le magasin serait la propriété des concessionnaires, que la vente s'y ferait en leur nom et sous la surveillance de l'administration de la mine, et vous devriez comprendre que, précisément à cause de cela, tout monopole deviendrait impossible. Le véritable monopole, en effet, n'existerait que dans le cas où un tiers s'interposerait entre les exploitants et les maîtres de forges, accaparerait tout le minerai extrait et règlerait à son gré le prix de vente, sans le contrôle administratif.

» Permettez-moi de vous dire que l'on ne doit pas attaquer avec autant de légèreté un projet qui a été l'objet de longues et consciencieuses études, et que, lorsqu'on n'a pas à sa disposition de meilleures raisons que celles que vous avez produites, il serait plus sage de les garder pour soi et surtout de ne pas mettre le public dans sa confidence.

» Votre mauvais procédé, à mon égard, me donnerait le droit de vous adresser de sévères reproches ; mais je ne veux m'inspirer que des sentiments de bienveillance que j'ai toujours ressentis pour vous. Vous êtes engagé, mon cher Monsieur Barbe, dans une mauvaise voie, une voie sans issue. Votre intervention, si vous n'y prenez pas garde, sera préjudiciable aux intérêts que vous prétendez servir ; je vous le dis avec réflexion, et je désire que vous n'en fassiez pas l'expérience. Si dans toute cette affaire vous agissez avec un entier désintéressement, ce que je me plais à croire, vous n'avez rien de mieux à faire que de cesser des efforts inutiles et une agitation stérile, et d'employer la juste influence que votre position vous donne dans le pays d'une manière plus conforme au bien de tous. Mais si vous refusez de vous rendre à mon conseil, je ne crains pas de vous prédire que, tôt ou tard, vous serez en butte aux récriminations des personnes dont vous aurez, par votre imprudence, compromis les intérêts.

» Veuillez agréer, je vous prie, l'assurance de mes sentiments affectueux et dévoués.

» Signé : E. Vène. »

ENQUÊTE D'UTILITÉ PUBLIQUE

De 1862.

Nous, Préfet de l'Ariége, Chevalier de la Légion-d'Honneur :

Vu les pièces composant l'avant-projet de chemin de fer et plans inclinés, comprenant un palier de 890 mètres, un plan incliné de 860 mètres, un second palier de 170 mètres, suivi d'un autre plan incliné de 140 mètres ; destinés à descendre sur la route départementale n° 8, dans Vicdessos, les minerais provenant des galeries des mines de Rancié ;

Vu la décision du 3 novembre 1862, par laquelle Son Excellence le Ministre de l'agriculture, du commerce et des travaux publics approuve, en principe, le premier tracé présenté par MM. les Ingénieurs des mines, et autorise, à cet effet, l'enquête préalable d'utilité publique ;

Vu la loi du 3 mai 1841, l'ordonnance du 18 février 1834 et les dispositions de la décision précitée, par laquelle Son Excellence fixe à un mois la durée de l'enquête ;

Arrêtons :

Art. 1er. Il sera procédé, au chef-lieu de l'arrondissement de Foix, à une enquête administrative, de la durée de 30 jours, sur l'avant-projet ci-dessus désigné.

Art. 2. Du 17 novembre 1862 au 16 décembre suivant, les pièces de l'avant-projet, indiquées aux articles 2, 3 et 5 de l'ordonnance précitée, resteront déposées à la préfecture (2e division, 2e bureau), où chacun pourra en prendre connaissance et insérer ses observations au registre de l'enquête.

Art. 3. A l'expiration du délai fixé par l'article précédent, une commission se réunira, à l'hôtel de la préfecture, sur la convocation de son président, pour examiner les résultats de l'enquête, entendre l'Ingénieur des mines du département, et donner son avis motivé, tant sur l'utilité de l'entreprise que sur les diverses questions qui auront été posées par l'administration.

Cette commission sera composée de Messieurs :

1° Saint-André (Lucien), propriétaire et maître de forges, membre du Conseil général du département, à Tarascon ;

2° Bergay (Toussaint), propriétaire et maître de forges, maire de Vicdessos ;

3° Becq (Laurent), propriétaire et négociant, demeurant à Foix ;

4° Morlière, maître de forges à Berdoulet, près Foix ;

5° Sans (Dominique), propriétaire et maître de forges, demeurant à Niaux ;

6° Abat (Eugène), propriétaire et maître de forges, demeurant à Pamiers ;

7° Rives (François), maître de forges, à Foix.

M. Saint-André, membre du Conseil général, est nommé président de ladite commission.

Foix, le 8 novembre 1862.

Signé : E. Amelin.

CAHIERS DE L'ENQUÊTE

De 1862.

1re PROTESTATION.

Le soussigné, Augé, propriétaire d'un entrepôt de mines à Cabre, proteste contre le projet de construction d'un couloir ou plan incliné, parce qu'il lui paraît contraire aux droits et aux intérêts des communes concessionnaires des mines de Rancié.

Il vote pour la continuation de la route départementale de Vicdessos à Sem, au moyen de laquelle on pourra obtenir à peu près le même résultat pour la diminution des frais de transport, sans porter aucune atteinte aux droits des propriétaires ni aux entrepôts de Cabre.

Foix, le 19 novembre 1862.

Signé : AUGÉ.

L'an 1862 et le 8 décembre, les soussignés s'étant rendus à Foix, aux bureaux de l'enquête ouverte par arrêté de M. le Préfet de l'Ariége, pour déclarer d'utilité publique le projet de chemin de fer et plans inclinés, destinés à descendre sur la route départementale les minerais provenant des mines de Rancié, après avoir pris connaissance des plans, devis et rapports du susdit projet ;

Considérant que nous sommes en trop grand nombre pour consigner les observations de chacun de nous sur le registre, mais étant d'un avis unanime et d'un commun accord, nous disons comme étant l'expression de notre volonté, de nos réflexions, de nos vœux ;

Que nous venons protester contre le projet des plans-inclinés :

1° Parce que ce projet a été étudié sans notre consentement, malgré nos demandes, et l'opposition que nous avons faite l'an dernier au nombre de 400, sur un mémoire imprimé, sur lequel nous demandons qu'on porte encore une fois l'attention ;

2° Parce que les Maires sur la pétition desquels on s'appuie n'avaient pas mandat pour nous représenter et porter des modifications à nos usages locaux. Que ces Maires se sont rétractés, et que les Conseils municipaux des huit communes concessionnaires sont tous unanimes pour rejeter tout projet élaboré à leur insu ;

3° Parce que le projet proposé consacre un monopole destructif de nos droits, dangereux pour nos intérêts ; qu'en détruisant la liberté de la vente, il réduit le mineur à l'état d'ouvrier mercenaire, le maître de forges à la merci du régisseur du magasin central ;

4° Parce que le maître de forges sera gêné dans ses transactions, dans ses achats, puisqu'il sera obligé de payer argent comptant le minerai, ce qui crée de graves inconvénients ;

5° Parce que la diminution qu'on propose est impossible, ou du moins ne sera pas satisfaisante pour qu'elle puisse servir de base sérieuse à un changement aussi radical ;

6° Parce que le nouveau projet est contraire à nos droits de propriétaires consacrés par les chartes, à l'ordonnance de 1833 qui commande de respecter les usages locaux, au règlement général qui nous régit et qui consacre la liberté de la vente dans la section du marché aux mines.

En conséquence, nous demandons que cette *liberté de vente* soit respectée, que le *marché aux mines* subsiste en tout état de cause, quel que soit le projet nouveau, les idées nouvelles, les exigences du commerce et de l'industrie, sur cette considération qu'en faisant disparaître le marché, c'est-à-dire en allant chercher le minerai dans l'intérieur des galeries comme le veut le projet des plans inclinés, le mineur n'est plus rien, ses droits de propriété et d'usages disparaissent... et s'il ne consent pas à ce changement, il y a violation de tous ses droits. Donc il n'y a que le concessionnaire seul qui puisse proposer et exécuter un tel monopole.

Ce considéré, nous rejetons le projet nouveau ; mais comprenant qu'une modification, qu'une amélioration peut être utile à l'industrie des fers qu'elle développe en favorisant son essor, à l'exploitation des mines qui deviendra plus large, les soussignés ;

Opposent au nouveau projet (et dans le cas où l'état actuel ne pourrait subsister), l'étude et l'exécution d'une *route carrossable* depuis Becqué à Vicdessos.

Cette route ne coûtera que 50 mille francs environ, les terrains appartenant aux communes et les travaux pouvant s'exécuter par les prestations des huit communes concessionnaires.

De plus, au moyen de cette route, le prix de revient du minerai sera diminué d'autant que dans le nouveau projet.

Foix, le 8 décembre 1862.

Et ont signé de nombreux mineurs, muletiers et concessionnaires des mines.

Je soussigné Raymond Barbe, propriétaire et négociant de Vicdessos, déclare, en ma qualité de concessionnaire des mines de Rancié, m'opposer formellement au chemin de fer et plans inclinés de l'administration des mines, en tant seulement qu'ils sont proposés sans le concours direct, sérieux, des vrais propriétaires,

Proteste énergiquement :

Contre l'approbation des projets, donnée par les maires, qui n'avaient pas qualité sans leurs conseils municipaux ;

Contre les empiétements progressifs de MM. les ingénieurs des mines, sur les affaires de notre concession ;

Contre le monopole de la vente, qui sera destructif de nos droits et ruineux pour le pays ;

Contre la nomination d'une commission d'enquête prise en dehors des huit communes concessionnaires.

Demande avec instance :

1° L'organisation immédiate d'une *commission syndicale* qui discutera l'opportunité d'un nouveau projet de couloir plus économique et plus avantageux pour le pays ;

2° La révision complète du règlement de 1833, qui se trouve en contradiction flagrante avec l'esprit de notre concession ;

3° La remise de l'administration financière des mines et ses revenus entre les mains de cette commission, réservant les travaux d'intérieur à MM. les ingénieurs ;

4° De nouvelles études avec une autre enquête libre et sérieuse, au chef-lieu même de la concession ;

Enfin, déclare faire toute réserve, avec l'intention de poursuivre et réclamer par toutes les voies de droit, contre tout ce qui se fera malgré les concessionnaires, et tant qu'ils ne seront pas loyalement et légalement consultés.

Foix, le 12 décembre 1862. Signé : Barbe.

Je soussigné, Victor Barbe, de Vicdessos, prêtre, supérieur du Petit Séminaire de Pamiers, proteste, en ma qualité de concessionnaire des mines de Rancié, contre le projet de chemin de fer, des plans inclinés, etc..., conçu et proposé par l'administration.

1° Comme purement arbitraire, etc..... (La suite sera citée textuellement dans l'enquête de 1865. — Voir 12e protestation du registre de Vicdessos).

Foix, le 14 décembre 1862.

Moi, Jean Rouzaud, natif de Sem, actuellement curé de Contrazi (Ariége), je m'oppose au couloir projeté à Vicdessos,

1° Parce qu'il crée un monopole et que tout monopole est contraire aux lois et porte atteinte à la liberté du commerce en nuisant aux intérêts généraux et particuliers ;

2° Parce qu'il est contraire aux véritables intérets des concessionnaires seuls juges compétents pour décider quel est le mode d'exploitation et d'exportation qui leur est le plus avantageux (en se conformant toujours, cela va sans dire, aux lois générales sur les mines) ;

3° Parce que le couloir ne sera profitable qu'à quelques individus qui cherchent à spéculer dans des vues d'ambition et pour s'enrichir en profitant de la faiblesse et de l'ignorance d'un pays, incapable de défendre ses droits ;

4° Parce qu'en faisant disparaître 400 mulets, ledit couloir ferme un débouché à cette branche du commerce, c'est-à-dire la vente de mulets ;

5° Parce qu'il est nuisible à l'industrie agricole en privant tout un pays des mulets qui lui fournissent l'engrais nécessaire pour fienter les quelques misérables lopins de terre qu'il possède ;

6° Parce qu'il ruine la vallée de Vicdessos et qu'il oblige une grande partie de ses habitants, les femmes et les enfants, à s'expatrier pour aller chercher dans les villes et à l'étranger le pain qu'ils trouvaient dans leur pays natal en s'occupant au transport du minerai ;

7° Parce que le couloir, au fond, est peu utile, vu qu'il ne peut diminuer le prix du minerai que de 5 centimes par quintal.

En foi de ce, Signé : J. Rouzaud.

J'ajoute que l'établissement de ce couloir, s'il y a lieu, rendra odieux et fera maudire le gouvernement qui l'aura autorisé : ce serait vraiment regrettable, car le gouvernement populaire des Napoléons est le gouvernement populaire par excellence, et il faut qu'il soit aimé par tous les enfants du peuple, même par les enfants des dernières montagnes de la vallée de Vicdessos. C'est pourquoi je supplie le gouvernement de prendre en considération et en pitié les droits des faibles et des opprimés.

Foix, le 16 décembre 1862.

Signé : J Rouzaud.

Note. Il nous est impossible de reproduire les autres protestations et observations consignées dans le registre de l'enquête de 1862, n'ayant pu les avoir telles qu'elles ont été écrites. Mais ces protestations sont fort nombreuses ; elles émanent de diverses personnes, conseillers municipaux, mineurs, muletiers, ecclésiastiques et autres notables de la vallée de Vicdessos — Il y a eu environ 600 signatures émanées de ces divers concessionnaires, qui tous se sont déplacés à grands frais et se sont transportés à une distance considérable pour demander le rejet du projet de couloir et l'organisation d'une commission syndicale, etc.

Nous ignorons quel a été le résultat de cette enquête devant la commission et quel sort lui a été fait par les autorités administratives.

Demande de concession du plan incliné de Rancié à Vicdessos, par MM. Palotte père et fils et Ce

Paris, 8 novembre 1864.

A Son Excellence M. le Ministre de l'agriculture, du commerce et des travaux publics.

Monsieur le Ministre,

L'administration impériale des mines est depuis longtemps préoccupée des moyens de faciliter la descente des minerais de Rancié (Ariége) à la route de Vicdessos.

L'exploitation de la mine de Rancié est paralysée par les difficultés de transport, au grand détriment des communes concessionnaires et des maîtres de forges qui emploient le minerai.

Un projet de couloir ou plan incliné a été étudié, mais les moyens d'exécution n'ont pas encore été trouvés.

Plusieurs propriétaires et plusieurs maîtres de forges, au nombre desquels se trouve mon fils, qui exploite les usines de Pamiers, et qui monte en ce moment près de Foix un haut fourneau de grande dimension destiné à la fusion des minerais de Rancié, au moyen du coke, se sont réunis pour aviser au moyen de hâter la construction du plan incliné de Rancié à Vicdessos.

La majeure partie du capital nécessaire est dès aujourd'hui assurée; une demande en concession vous sera prochainement adressée.

Je viens au préalable, M. le Ministre, demander à Votre Excellence l'autorisation d'examiner et de faire examiner les plans dressés pour l'exécution de ce couloir. Ces plans sont dans les bureaux de votre ministère et ne peuvent être communiqués sans une permission spéciale de vous.

J'ai l'honneur d'être avec respect,

Jacques Palotte.

21, rue de la Chaussée-d'Antin.

Demande de concession du plan incliné de Rancié à Vicdessos (Ariége).

Paris, 10 novembre 1864.

A Son Excellence M. le Ministre de l'agriculture, du commerce et des travaux publics.

Monsieur le ministre,

Les soussignés :

Jean-Auguste-Jacques Palotte père, ancien député, demeurant à Paris rue de la Chaussée-d'Antin, n° 27 *bis* ;

Charles-Auguste-Emile-Jacques Palotte, ingénieur civil, maître de forges à Pamiers et à Berdoulet, près Foix (Ariége), demeurant à Paris, même rue et même numéro ;

Charles Durozey, gérant de la société des fonderies de l'Ariége, demeurant à Foix ;

Ont l'honneur de vous exposer les faits suivants :

Etablis depuis plus d'une année comme maîtres de forges dans l'Ariége, MM. Jacques Palotte fils et Charles Durozey ont reconnu que l'industrie métallurgique de ce département, vivement affecté par les temps, par l'absence de voies de communication et par l'emploi de procédés de travail tout-à-fait surannés, pouvait cependant être relevée avec des conditions de succès.

L'Ariége contient des minerais en abondance et de toute première qualité, particulièrement pour la fabrication des fers aciéreux et des aciers fins, qui, bien traités, ne le céderaient en rien aux meilleures qualités de Suède et d'Allemagne.

Avant le chemin de fer qui aboutit à Foix, toute tentative d'amélioration était impossible. Le charbon de bois est rare et très-cher dans les Pyrénées, le combustible minéral n'y pouvait pénétrer. Aujourd'hui, les cokes des houillères du Midi peuvent arriver jusqu'à Foix par la voie ferrée.

Les minerais qui viennent des montagnes les plus élevées ne peuvent encore être descendus qu'à dos de mulets de la mine à la route de Vicdessos.

Arrivé là, ce minerai revient déjà à un prix fort élevé; de Vicdessos à Foix, trente kilomètres restent encore à parcourir sur essieux.

MM. Jacques Palotte fils et Durozey, ayant trouvé dans l'administration des mines et dans l'administration départementale, le concours le plus résolu pour seconder une entreprise destinée à réduire d'environ 25 p. °/₀ le prix de la tonne de minerai au moyen d'un plan incliné recevant le minerai au sortir de la mine et le conduisant mécaniquement à la route, se sont décidés à construire à Berdoulet, près de la gare du chemin de fer, à 1 kilomètre de la ville de Foix, un haut fourneau de grande dimension, devant être alimenté par le combustible minéral. Ce fourneau est en construction et sera monté avant la fin de la présente année.

Ils ont en outre entrepris de venir en aide aux autorités départementales, en cherchant à réunir le capital nécessaire pour la construction du plan incliné.

Ils se sont adressés aux industriels du pays même, notamment à M. Esquirol qui a construit à Tarascon deux hauts fourneaux pour produire la fonte avec le charbon végétal; enfin, ils ont été assez heureux pour voir leurs propositions acceptées.

Les études des dépenses à faire et des travaux à exécuter ont été faites par l'administration de Rancié. Ces dépenses sont portées à 120,000 fr. Il a paru prudent, en présence d'un terrain aussi accidenté, d'adopter le chiffre de 150,000 fr. comme dépense probable.

Sur cette somme, nous avons déjà réuni celle de cent mille francs par des souscriptions sérieuses et par des engagements signés.

Nous avons pensé que ce chiffre était suffisant pour autoriser une demande en concession.

Il importe que ce travail soit rapidement mené à fin ; nous nous sommes adressé, pour son exécution, à un ingénieur expérimenté, ayant fait et faisant chaque jour de nombreux et importants travaux.

Les enquêtes sont faites, l'utilité publique est reconnue, et si nous sommes bien informés, la question n'est pas neuve pour le Conseil d'Etat qui en est déjà saisi.

Nous venons donc, M. le Ministre, vous demander la concession du plan incliné de Rancié à Vicdessos. Elle n'est pas de nature ordinaire : certains faits et certains anciens errements, sans aucun doute très-connus de Votre Excellence, nous semblent exiger en quelque sorte la coopération de l'autorité supérieure dans l'intérêt de communes qui, depuis des siècles, se considèrent comme propriétaires des mines de Rancié, et qui trouvent, en effet, dans leur exploitation la plus grande partie des ressources nécessaires à leur existence.

Nous nous tenons à votre disposition, M. le Ministre, pour l'étude et pour la préparation du cahier des charges qu'il vous paraîtra bon d'imposer à cette concession.

Nous avons l'honneur d'être, avec un profond respect,

Monsieur le Ministre

de Votre Excellence

les très-humbles et très-obéissants serviteurs.

Signés : Ch. Durozey, Jacques Palotte père,
Jacques Palotte fils.

Paris, le 31 janvier 1865.

A SON EXCELLENCE M. LE MINISTRE DE L'AGRICULTURE, DU COMMERCE ET DES TRAVAUX PUBLICS.

Monsieur le Ministre,

Nous avons l'honneur de vous adresser la demande de concession d'un petit chemin de fer à plans inclinés automoteurs pour la descente des minerais de Rancié, à partir de la galerie de Becqué jusques sur la place de Vicdessos, sur une longueur de deux kilomètres environ.

Cette commission est sollicitée par nous aux conditions suivantes :

Le chemin de fer automoteur dont il s'agit sera établi conformément aux projets déjà approuvés par l'administration avec la faculté d'y apporter les modifications de détail qui seront reconnues utiles et avantageuses aux concessionnaires lors de l'exécution, sans s'écarter toutefois des conditions techniques admises par l'administration.

Ce chemin de fer sera à deux voies, de 80 centimètres de largeur chacune ; les rails devront pouvoir supporter deux vagonnets, passant simultanément et pesant ensemble, chargés, deux mille quatre cent kilogrammes.

Le chemin de fer sera construit, avec ses dépendances, aux frais, risques et périls des concessionnaires.

Les concessionnaires s'engagent à livrer le chemin de fer en bon état et prêt à être exploité dans les trois mois, comptés en bonne saison, qui suivront le jour de leur entrée en possession complète des terrains nécessaires à l'établissement dudit chemin de fer, par suite de l'accomplissement des formalités d'expropriation.

Les concessionnaires s'engagent à mettre le chemin de fer construit, comme il vient d'être dit, à la libre et entière disposition de l'administration de la mine dès son achèvement, laquelle administration prendra immédiatement en charge l'entretien dudit chemin et l'exploitation à ses frais.

Les concessionnaires s'engagent à approvisionner, en cas de non vente, jusqu'à concurrence de deux mille tonnes de minerai dans leurs magasins.

Les concessionnaires s'engagent également à payer aux mineurs, comptant, c'est-à-dire tous les quinze jours, le minerai qui leur sera livré au fur et à mesure du pesage fait contradictoirement à proximité de leurs magasins.

Les concessionnaires s'engagent enfin à prendre livraison de vingt mille tonnes de minerai par an au moins, au prix fixé annuellement par arrêté préfectoral, sous réserve toutefois que cette livraison leur sera faite préalablement à tous autres consommateurs ou demandeurs.

Les concessionnaires consentent à tous les engagements ci-dessus, moyennant le prix de un franc soixante-quinze centimes qu'ils auront le droit de percevoir par tonne de minerai, transportée sur le chemin de fer concédé, et ce, pendant une période de trente-cinq années consécutives comptées à dater du premier jour de la mise en exploitation du chemin de fer.

Nous sommes, Monsieur le Ministre, avec le plus grand respect, de Votre Excellence,

Les très-humbles et très-obéissants serviteurs,

Signés : Jacques Palotte père, Charles Durozey, Jacques Palotte fils.

21, Chaussée-d'Antin.

Paris, le 9 mars 1865.

A Son Excellence M. le Ministre de l'agriculture, du commerce et des travaux publics.

Monsieur le Ministre.

Nous avons eu l'honneur d'adresser à Votre Excellence une demande en concession, d'un plan incliné, reliant la mine de Rancié à la route, dans le village de Vicdessos (Ariége).

Le 1er février, nous remettions une première lettre explicative de nos propositions.

Nous venons aujourd'hui les reproduire.

Capital. — Une somme de deux cent mille francs nous paraît indispensable pour couvrir toutes les dépenses de construction, les frais accessoires, et pour subvenir aux premiers frais d'exploitation ou d'entretien.

Durée de la concession. — Nous demandons la concession pour une durée de vingt-cinq ans : elle est nécessaire pour qu'une somme relativement minime puisse être consacrée à l'amortissement du capital engagé.

Tarifs. — Le tarif doit être établi de manière à satisfaire :

1° A l'annuité d'amortissement ;

2° A l'intérêt et au bénéfice du capital ;

3° Aux frais d'entretien ;

4° Aux frais généraux ;

5° Aux frais de traction ;

Dans nos différentes entrevues avec l'administration locale, il a été reconnu que la traction proprement dite pouvait être faite par l'administration de la mine de Rancié. Dans cette hypothèse, le tarif ne comprendrait plus que les quatre premiers éléments indiqués plus haut.

Aujourd'hui, la mine de Rancié ne produit pas plus de huit

mille tonnes par an, par suite du défaut de consommation. Avec un chiffre aussi restreint, il serait impossible et de donner au capital engagé une rémunération suffisante, et de réduire d'une manière notable le prix du minerai. Trois maîtres de forges de l'Ariége l'ont compris ; deux d'entre eux sont demandeurs de la concession : ils prennent l'engagement de prendre annuellement à la mine de quinze à vingt mille tonnes de minerai. Cet engagement exclusif de toutes autres demandes de minerai qui pourraient être faites par des tiers, permet de compter sur une exploitation moyenne de vingt mille tonnes par an. Ce chiffre est notre point de départ pour demander :

1° Le prix de 1 fr. 75 pour le tarif, dans l'hypothèse de la traction faite par les concessionnaires ;

2° Celui de 1 fr. 50 par tonne, si la traction est faite par l'administration de la mine.

Nous devons rappeler à Votre Excellence que le conseil municipal de Vicdessos, par une délibération spéciale, accorde une subvention de six mille francs pour la construction du plan incliné et abandonne gratuitement les terrains nécessaires à l'établissement du magasin destiné à recevoir la mine. Cette subvention serait d'un grand secours non seulement par elle-même, mais surtout par son effet moral.

Enfin, les maîtres de forges qui assurent le succès de l'entreprise en s'engageant, dès la constitution de la société, à prendre une quantité de minerai suffisante pour alimenter le travail de la mine, et donner une juste rétribution au capital engagé, demandent qu'une garantie leur soit accordée de manière à ce qu'ils soient certains de recevoir les quantités qu'ils s'engagent à prendre, de préférence à tous autres.

Nous sommes, Monsieur le Ministre, avec le plus profond respect, de Votre Excellence

Les très-humbles et très-obéissants serviteurs,

Signés : Jacques Palotte père, Charles Durozey, Jacques Palotte fils.

9 mars 1865

Projet de chemin de fer et plans inclinés destinés à descendre le minerai de fer des diverses galeries d'extraction des mines de Rancié à la route départementale de Vicdessos à Foix sur la place de Vicdessos.

ESTIMATION DES DÉPENSES.

Le devis estimatif des travaux extérieurs du chemin de fer et plans inclinés à la mine de Rancié établi par M. l'ingénieur Mussy, pour l'exploitation de cette mine, s'élève à la somme de.	119,226 »
Pour que les soussignés puissent entreprendre à forfait les travaux dont il s'agit, conformément aux indications des plans et devis dressés par M. l'ingénieur sus nommé, il convient d'ajouter au prix des dépenses ci-dessus, ceux ci-après dont les soussignés se sont rendu compte après une étude des plans et devis dont il s'agit et un examen des lieux, des circonstances locales, des terrains, du lieu de provenance et de la nature des matériaux à employer, des ressources locales et des prix de main-d'œuvre du pays.	
1° L'achat des terrains dans la traversée des jardins attenant au village de Sem, les indemnités, pertes locatives, dépréciations de parcelles, rétablissement de communication interceptée, donneront lieu à une dépense de.	9,150 »
2° Les frais d'achat des terrains, dressement et enregistrement des actes, expertises, frais judiciaires et contentieux, bornage, levées contradictoires, donneront lieu à une dépense de.	5,660 »
A reporter.	134,036 »

Report.	134,036 »
3° Les haies et clôtures qui n'ont été portées en compte que pour un côté de la voie, nécessiteront pour l'autre côté une dépense de.	2,307 20
4° Les fondations des paliers du pont de Vicdessos, ces paliers n'ayant été portés en compte que jusqu'au niveau de l'eau, il y a lieu d'ajouter à l'estimation pour fournitures de pierres, sabots, frets, mise en place, battage ainsi que pour les liernes.	2,000 »
5° Le revêtement en maçonnerie du souterrain de 90 mètres de longueur ainsi que le surplus des déblais à exécuter pour l'emplacement de cette maçonnerie non prévue, et le transport de ce déblais, nécessiteront une dépense de.	15,120 »
6° Le prix des maçonneries de la partie inférieure du plan incliné a été réduit d'un tiers : une entreprise de si faible étendue ne comporte pas de réduction de ce genre, qu'aucune facilité ne justifie d'ailleurs, c'est à rétablir aux dépenses une somme de	395 30
7° Tous les prix appliqués au devis estimatif sont trop faibles : ils sont basés sur des prix de journées et de matériaux inférieurs même à ceux que l'on paie actuellement dans la saison où tous les bras sont inoccupés, sauf sur la valeur des terrains comptés par ailleurs, le montant de l'estimation comporte, tant de ce chef qu'à cause des difficultés spéciales d'exécution sur un terrain incliné à 33 % où tous les matériaux doivent être élevés du pied au sommet, haut de près de 400 mètres, une augmentation de 10 % pour ramener le montant de l'estimation au prix de revient, sans majoration de bénéfices et faux frais, ci.	10,007 60
A Reporter.. . . .	163,866 10

Report. 163,866 10

8° Les remblais doivent être exécutés sur un sol très-décliné ; il sera absolument nécessaire de pratiquer des redans horizontaux dans le terrain naturel pour prévenir un glissement immédiat ; c'est une dépense évaluée à. . . . . 1,875 »

9° Les culées des ouvrages d'art en charpente ont été projetées en maçonneries à pierres sèches ; le constructeur ne peut assumer la responsabilité de ces ouvrages qu'autant que ces culées seront exécutées en maçonnerie avec mortier, c'est une augmentation de dépenses évaluée à. . . . . 1,160 »

10° A leur arrivée au pied du plan incliné, les vagonnets pleins devront nécessairement être culbutés pour décharger le minerai sur un premier terre-plein ou quai, où il pourra être emmagasiné, puis de ce quai il devra pouvoir être poussé simplement à la pelle dans les voitures destinées à cette fin en contre-bas du quai, au niveau de la route départementale de Vicdessos à Foix. De là la nécessité d'un quai en gradins à deux étages, pour la construction ; il y a lieu d'ajouter aux dépenses une somme de. . . . . 4,500 »

11° Le prix de la bascule pour le pesage des vagonnets de minerai est évidemment trop faible, et celui de la bascule pour le pesage des voitures a été omis, soit ensemble. . . . . 2,500 »

12° La fourniture et la pose exceptionnelle du câble dont le diamètre doit être porté de 15 à 17 millimètres au moins, donnera lieu à une augmentation de. . . . . 3,570 »

13° Dans le sens transversal, l'axe du tracé du plan incliné doit être reporté vers le côteau, afin

A reporter. 177,471 10

Report.	177,471 10
d'asseoir complètement la plate-forme de la voie sur le sol résistant du déblai et non partie en déblai et partie en remblai, comme cela a été prévu au projet, car la partie en remblai ainsi exécuté sur un flanc de côteau incliné à plus de 45°, est, par suite, susceptible d'affaissement par glissement, quelques précautions qu'on prenne. Ce déplacement nécessitera un supplément de déblai en rocher à flanc de côteau, qui entraînera une dépense d'au moins. . .	8,000 »
14° Les talus devront être protégés par des rigoles d'assainissement, des revêtements et des plantations là où cela sera indispensable ; c'est une dépense de.	611 40
15° L'entretien exceptionnel du chemin de fer et de ses dépendances jusqu'à la réception définitive, coûtera.	2,500 »
16° Les frais médicaux pour les ouvriers pendant la durée de l'entreprise et ceux d'indemnité en cas d'accidents, s'élèveront à 1 %, soit.	1,885 85
Ce qui porte le montant de l'estimation à la somme de.	190,468 55
1° 5 % pour outils et faux frais..	9,523 41
TOTAL.	199,991 74
2° Pour bénéfices. 10 % environ.	20,008 26
	220,000 »

montant total auquel nous consentons à prendre à forfait les travaux et à les exécuter dans un délai de quatre mois comptés en bonne saison et à partir du jour de l'entrée en possession complète des terrains.

Paris, le 10 mars 1865.

JACQUELINE, signé,

Entrepreneur de travaux publics, 12, rue du Mont-Thabor.

Lettre de M. le Ministre de l'agriculture, du commerce et des travaux publics,

A M. LE PRÉFET DE L'ARIÉGE.

PROJET d'une voie ferrée pour la descente du minerai.

Paris, le 22 mars 1865.

Monsieur le Préfet,

MM. Palotte et Durozey, dont vous m'avez transmis le 2 février dernier la demande tendant à obtenir la concession de la voie ferrée destinée à la descente du minerai de Rancié, et qui m'avaient déjà adressé directement une première pétition à ce sujet, m'ont, depuis lors, fait parvenir leurs propositions pour l'exécution dudit projet.

Ils s'y engagent à établir, à leurs frais, risques et périls, le chemin dont il s'agit, conformément au projet qui a été dressé par MM. les ingénieurs des mines du département et approuvé par l'administration en 1863, c'est-à-dire un chemin de fer à deux voies et à plans inclinés, partant de la galerie Becquey et aboutissant sur la place du village de Vicdessos.

Ils le mettraient, aussitôt son achèvement, à la libre et entière disposition de l'administration de la mine, si elle entendait se charger elle-même de la traction.

La durée de concession qu'ils sollicitent est de 25 années.

Le tarif serait de 1 fr. 50 par tonne, dans l'hypothèse où la traction serait faite par la mine, comme il est dit ci-dessus, et de 1 fr. 75 dans le cas où elle s'opérerait aux frais des concessionnaires.

Ils s'obligent à payer comptant aux mineurs le minerai qui leur sera livré par ceux-ci, au fur et à mesure du pesage fait contradictoirement à proximité des magasins.

Ils s'engagent, en outre, à prendre annuellement à la mine 15 à 20 mille tonnes de minerai, au prix fixé chaque année par arrêté préfectoral, comme il est pratiqué en vertu du règlement actuel ; mais ils demandent que ces livraisons leur soient faites préalablement à tous autres acheteurs.

J'ai l'honneur, Monsieur le préfet, de vous transmettre ci-jointes les lettres en date des 10 novembre 1864, 31 janvier et 9 mars 1865, dans lesquelles sont consignées les propositions que je viens de résumer.

J'y réunis une estimation, que les mêmes pétitionnaires m'ont remise, des dépenses qu'exigerait, suivant le devis de leur entrepreneur, la construction du chemin de fer en question.

Je vous prie, Monsieur le préfet, de faire procéder immédiatement, en ce qui concerne ladite demande en concession, aux formalités d'enquête nécessaires, conformément à l'ordonnance réglementaire du 18 février 1834. Comme, d'ailleurs, il s'agit de travaux n'excédant pas les limites de l'arrondissement où ils doivent être exécutés, j'ai, par application de l'article 10 de l'ordonnance ci-dessus, fixé à vingt jours la durée de l'ouverture des registres et du dépôt des pièces.

Je vous serai obligé, aussitôt que les informations seront terminées, de m'en adresser le dossier avec le rapport de MM. les ingénieurs, et votre avis, pour être statué ainsi qu'il appartiendra.

Recevez, Monsieur le préfet, l'assurance de ma considération la plus distinguée.

Le ministre de l'agriculture, du commerce et des travaux publics.

Pour le Ministre et par autorisation :

Le conseiller d'Etat, secrétaire-général,

Signé :

PRÉFECTURE DU DÉPARTEMENT DE L'ARIÉGE.

MINES DE RANCIÉ.

Demande de concession pour vingt-cinq années d'un chemin de fer et plans inclinés destinés à descendre dans Vicdessos les minerais provenant de Rancié.

Arrêté du préfet, ordonnant une enquête d'utilité publique sur cette demande.

Foix, le 24 mars 1865

Nous, préfet du département de l'Ariége, chevalier de la Légion-d'Honneur,

Vu les lettres en date des 10 novembre 1864, 31 janvier et 9 mars 1865, adressées à Son Excellence le ministre de l'agriculture, du commerce et des travaux publics, par lesquelles MM. Palotte, père et fils, maîtres de forges à Pamiers et à Berdoulet, et M. Charles Durozey, gérant de la Société des fonderies de l'Ariége, demeurant à Foix, sollicitent la concession de la voie ferrée destinée à la descente du minerai de Rancié, et prennent l'engagement d'exécuter à leurs frais, risques et périls, à des conditions qu'ils imposent, le chemin dont il s'agit, conformément au projet qui a été dressé par MM. les ingénieurs des mines du département et approuvé par l'administration supérieure en 1863 ;

Vu le devis estimatif des travaux produit par les demandeurs ;

Vu les instructions contenues dans la dépêche de S. Exc. le Ministre de l'agriculture, du commerce et des travaux publics, en date du 22 de ce mois ;

Vu la loi du 3 mai 1841 et l'ordonnance du 18 février 1834 ;

Arrêtons :

Art. 1er. Il sera procédé au chef-lieu de l'arrondissement de Foix à une enquête administrative, dont la durée est fixée à vingt jours, sur l'opportunité de la concession dont il s'agit.

Art. 2. Du 1er au 20 avril prochain inclusivement, les pièces susvisées seront déposées à la préfecture (2e division, 2e bureau), où chacun pourra en prendre connaissance et inscrire ses observations sur le registre d'enquête qui sera ouvert à cet effet.

Art. 3. A l'expiration du délai fixé par l'article précédent, une commission composée de sept membres se réunira à l'hôtel de la préfecture, sur la convocation de son président, pour examiner les résultats de l'enquête, apprécier les observations qui pourront être présentées, et donner son avis motivé sur l'utilité de la concession demandée, soit au point de vue de l'intérêt général de l'industrie, soit au point de vue de l'intérêt des communes concessionnaires des mines de Rancié.

Cette commission sera formée de Messieurs :

1° Espy (Dominique), maître de forges, membre du Conseil général ;

2° Borelly (Alexandre), avocat, maire de Pamiers, membre du Conseil général ;

3° Bergay (Toussaint), propriétaire, maire de Viedessos ;

4° Trinqué (Hippolyte), maître de forges, à Lacourt ;

5° Abat (Eugène), propriétaire et maître de forges à Orlu ;

6° Esquirol (Vincent), maître de forges à Luzénac ;

7° Rives (Jean-Martin), maître de forges à Tarascon.

M. Espy (Dominique) est nommé président de la commission.

Art. 4. Le présent arrêté sera publié et affiché par les soins de MM. les maires dans les chefs-lieux d'arrondissement et de canton, dans toutes les communes du canton de Viedessos, ainsi que dans toutes celles où il existe des établissements métallurgiques.

Le préfet, A. de Jancigny.

2ᵉ DIVISION.

2ᵉ BUREAU.

PRÉFECTURE DU DÉPARTEMENT DE L'ARIÉGE.

Projet d'une voie ferrée pour la descente des minerais de Rancié.

Demande de concession formée par les sieurs Palotte père et fils et Durozey.

REGISTRE D'ENQUÊTE.

(OUVERT A FOIX).

Exécution de l'Arrêté préfectoral du 24 mars 1865.

1re Protestation.

Les soussignés, mineurs, habitants de Goulier-et-d'Olbier e autres trafiquants de Vicdessos, déclarent protester, de nouveau, contre le projet de couloir, proposé en dehors des vrais propriétaires; et s'opposent formellement à la demande en concession faite par la société Palotte et compᵉ, parce qu'elle est contraire aux droits et aux intérêts des communes concessionnaires, et comme entachée de monopole ;

Demandent l'organisation immédiate du syndicat; et que de nouveaux projets plus économiques soient mis à l'étude, assurés qu'ils sont de pouvoir donner le minerai bien meilleur marché que ne pourra le faire la susdite société.

Foix, le 7 avril 1865.

(Signé de 14 concessionnaires.)

2e Protestation.

Les soussignés, ouvriers mineurs et concessionnaires des mines de Rancié, déclarent formellement s'opposer, soit à l'établissement des plans inclinés, soit à la demande en concession formée par la société Palotte.

Premièrement. — En ce qui concerne le projet en lui-même, les soussignés déclarent persister dans tout ce qu'ils ont écrit depuis 1860, et notamment dans les observations consignées sur le registre de l'enquête qui fut ouverte à Foix au mois de décembre 1862. Ils renouvellent, en tant que de besoin, les principaux motifs de leur opposition, qui sont :

1° Que le projet des plans inclinés n'est que le fruit d'une obstination aveugle et le résultat d'un parti pris. Tandis que tous les mineurs veulent des améliorations, et demandent l'étude de certains projets qui paraissent utiles et avantageux pour tout le monde, quelques étrangers, sans droit, sans qualité et sans mandat, veulent faire réussir, quand même, un projet, exclusivement proposé par eux, étudié par eux, demandé par eux seuls, et seulement utile pour leur satisfaction personnelle. — Qu'en s'obstinant sans raison à ne pas mettre à l'étude les projets proposés par les concessionnaires, on montre que l'utilité des plans inclinés est très-contestable, et on craint, sans doute, que, par suite de la comparaison, on ne soit amené à donner la préférence aux autres projets.

2° Le projet des plans inclinés devant être exécuté sur une propriété communale, sans l'adhésion et même au mépris des oppositions de tous les concessionnaires, seuls directement intéressés, les soussignés, déclarent formellement qu'ils opposeront à l'exécution de ce projet toutes les résistances morales et matérielles dont ils seront capables, parce qu'ils veulent, avant tout, que leurs droits soient respectés, que leurs volontés comme citoyens et comme propriétaires ne soient pas anéanties ; parce qu'enfin, l'avenir de nos mines et les priviléges de notre propriété sont trop gravement compromis et menacés par le projet actuel.

Deuxièmement. — Le projet des plans inclinés ne peut être déclaré d'utilité publique :

1° Parce qu'il n'est pas de la nature de ceux que la loi qualifie de ce nom ; 2° parce que ceux pour lesquels il devrait être utile le repoussent énergiquement. En effet, le couloir, à qui doit-il profiter ? — Aux communes concessionnaires ? Ce n'est pas possible puisque, d'une part, ces communes reconnaissent l'*inutilité* et les inconvénients du projet, que tous les Conseils municipaux le repoussent, et que la totalité des mineurs protestent ; et, d'autre part, le projet tendant à baisser le prix de revient du minerai, cette baisse doit se produire, non à l'avantage des producteurs, c'est-à-dire des communes, mais à l'avantage exclusif des consommateurs, c'est-à-dire des maîtres de forges.

Veut-on faire déclarer le projet d'utilité publique, parce qu'il sera utile aux maîtres de forges ? Est-ce possible, lorsqu'il s'agit des intérêts de plusieurs communes mis en présence de l'intérêt de quelques particuliers ? Voudrait-on dépouiller le pauvre mineur pour enrichir l'industriel opulent, enlever à la nombreuse famille du premier quelques centimes qui la font vivre, pour les entasser dans la bourse du second, hâter sa fortune et le voir disparaître bientôt de nos montagnes qu'il aura plongées dans le deuil et la misère ? — A ce point de vue, le projet présente une *utilité privée* incontestable ; mais l'intérêt d'un ou de plusieurs particuliers ne suffit pas pour faire prononcer l'expropriation d'une propriété appartenant à une collection d'individus qui, par leur position et leur nombre, représentent l'*intérêt général*.

Troisièmement. — Si l'on admet en faveur des plans inclinés cette utilité publique (qui n'existe pas), ne peut-on pas l'admettre en faveur des autres projets proposés par les concessionnaires ? S'il est démontré, par exemple, que tout autre projet conduit au même résultat que le projet de couloir, et que *le but utile* est atteint par les uns et par les autres, ne faudra-t-il pas donner la préférence à celui qui est proposé et accepté par les propriétaires eux-mêmes, à celui enfin qui offre le plus de garanties et présente le moins d'inconvénients ?

Ainsi, les soussignés ont toujours proposé et proposent l'établissement d'une *route carrossable* depuis Sem à Vicdessos. — Pourquoi n'a-t-on pas étudié ce projet, lorsque huit conseils municipaux l'ont demandé, que 400 mineurs le réclament, et que tout le pays le désire ? Pourquoi, de parti-pris, sans examen et sans motif, repousse-t-on une demande aussi générale pour donner la préférence à un projet conçu par quelques-uns et détesté par tous ?

En ce qui les concerne, les soussignés prétendent que la route est à tous les points de vue préférable au couloir. Voici d'ailleurs ce qui résulte de l'examen comparé des deux projets :

1° Les frais d'exécution du couloir s'élèveront, d'après les devis, de 220 mille à 300 mille francs. Les frais pour l'établissement d'une route carrossable ne dépasseront pas 70 ou 80 mille francs.

2° Dans le projet de couloir, il faudra recourir aux frais et aux lenteurs incalculables de l'expropriation, lutter contre la résistance des particuliers, qui s'annonce menaçante, soutenir des procès, etc., tandis que dans le projet de route, d'un côté, les cessions des terrains des particuliers seront faites à l'amiable, et d'un autre côté, la plupart des terrains nécessaires à la route étant communaux, les communes s'empresseront de les abandonner gratuitement ; de plus, les travaux de prestation des huit communes concessionnaires pourront être affectés à l'exécution de ce chemin d'utilité communale ; enfin, l'Etat devra venir au secours des communes, puisque la route est classée comme route départementale. Et les concessionnaires s'empresseront de leur côté de s'imposer toutes sortes de sacrifices, pour arriver promptement à l'accomplissement de leurs vœux.

3° Le but du couloir est de diminuer le prix de revient du minerai rendu à Vicdessos de 0 fr. 25 c. par 100 kilog. Dans le projet de route, ce prix pourra devenir encore plus bas, puisque les frais d'établissement seront moins considérables. Du reste, les soussignés prennent, à cet égard, l'engagement formel de vendre le minerai au taux le moins élevé possible, et, dans tous les cas, à un taux égal à celui qui est promis par le projet de couloir. Or, si les mineurs, qui sont seuls propriétaires et seuls maîtres, s'engagent à vendre à un prix déterminé, ne vaudrait-il pas mieux s'en tenir à leur engagement que leur préférer celui de tout autre étranger ? Si le mineur offre et promet la baisse que l'on réclame au nom de l'industrie, qu'importent les moyens qu'il emploiera ; et dans ce cas, pourquoi imposer un couloir ?

Quatrièmement. — Les soussignés repoussent le projet de couloir, parce qu'il tend à usurper les droits des propriétaires de la mine, qu'il consacre un empiètement et un *monopole* destructif des libertés commerciales.

En effet, d'après le projet, les plans inclinés descendraient le minerai depuis l'intérieur des galeries jusqu'à la route, à Vicdessos ; dès-lors, disparaît le *marché public* qui a existé de tous les temps à l'orifice des mines, marché que consacrent les usages, le règlement en vigueur, et que nécessite la liberté de la vente. Le mineur, étant propriétaire de son minerai, opère par lui-même cette vente ; il choisit son acheteur ; il se fait payer comptant, et souvent il ajoute au bénéfice de l'extraction celui qu'il peut retirer d'une exportation lointaine. La vente, le droit de vente et la liberté de vente sont donc pour le mineur non-seulement une nécessité commerciale, mais encore un droit réel incorporé à la propriété elle-même. Si le mineur est concessionnaire, il a seul le droit de vente, seul il peut choisir son acheteur, il a seul le droit de disposer du minerai qu'il extrait.

Forcer cet ouvrier à vendre sa marchandise à tel acheteur plutôt qu'à tel autre, l'empêcher de l'utiliser lui-même, s'il est industriel, ou de la donner en paiement à son créancier, s'il est débiteur, le contraindre, en un mot, par *une vente forcée;* au point de vue moral, c'est une tyrannie ; au point de vue de la loi, c'est une expropriation continuelle et de tous les instants, c'est violer les principes du droit naturel et positif, substituer par la force l'acheteur au vendeur, réduire le propriétaire au rôle d'ouvrier, c'est, en un mot, une anomalie désastreuse, source d'abus, d'agitations, de luttes et de procès.

Le marché à l'extraction doit donc subsister, afin que la liberté de la vente soit maintenue, afin que le mineur ait le choix de l'acheteur et que l'acheteur ait le choix de la marchandise, afin que tout le monde puisse venir en concurrence à ce marché pour acheter directement au mineur et opérer ensuite le transport, chacun à son gré, les uns par un couloir, d'autres par des plans inclinés, d'autres par une route avec des charrettes, d'autres au moyen de mulets.

Le projet tel qu'il est proposé crée un monopole qui tend à mettre le mineur au rôle d'ouvrier payé à la journée. Les soussignés réclament contre une pareille prétention ; ils sont propriétaires et veulent demeurer tels, pour être libres dans le transport et dans le choix de l'acheteur. Il serait d'ailleurs immoral et contraire à tous les principes, qu'un étranger pût venir leur imposer des conditions arbitraires, et les rendre esclaves de ses volontés.

Le monopole créé par le couloir sera encore plus dangereux pour les maîtres de forges, puisqu'ils n'auront plus le choix de la marchandise, la faculté de débattre le prix, d'avoir des termes pour le paiement, puisqu'il leur faudra subir la loi du régisseur des plans inclinés, qui leur vendra ou leur refusera le minerai, et qu'en un mot, la concurrence, âme du commerce, deviendra impossible.

Cinquièmement. — En enlevant aux concessionnaires la faculté de transporter eux-mêmes le minerai, on les prive d'une source de bénéfices considérables qui sera sans compensation pour la plupart. Ainsi, que deviendront les habitants des communes qui ne profitent pas de l'extraction, ceux du hameau de Cabre, d'Arconac, de Laramade, qui vivent exclusivement du transport? Que feront les veuves qui n'ont pas leurs enfants ouvriers aux mines ;

comment subsisteront tant de familles, dont les seules ressources se puisent sur les gains de l'exportation du minerai?

Pour les besoins de l'*agriculture* elle-même, les bêtes de somme sont indispensables. Les champs de nos montagnes sont stériles sans engrais. Comment se procurer ces engrais sans bestiaux, comment transporter ces engrais sur les flancs escarpés de la montagne sans mulets ou autres bêtes de somme?

Avec la route carrossable tous les besoins sont satisfaits, tous les intérêts sont sauvegardés. La liberté de la vente est respectée, le marché de la mine existe; la concurrence est permise; des transports considérables sont possibles; les riches et les pauvres peuvent en profiter, et enfin, la baisse désirée sur le prix de revient est promise et sera réalisée

Sixièmement. — En ce qui concerne la demande en concession formée par la société Palotte pour l'exécution des plans inclinés, les soussignés observent :

1° Qu'ils considèrent cette demande, comme l'attaque la plus directe, dirigée contre la propriété des mines; qu'ils s'opposent à cette concession et qu'ils y feront constamment obstacle;

2° Que la concession des plans inclinés ne serait autre chose que la concession de la propriété elle-même, puisque les mineurs ne seraient plus maîtres, qu'ils seraient soumis aux caprices et aux exigences de la société Palotte, et que cette dernière profiterait seule des bénéfices;

3° Qu'en vain, MM. Palotte et Durozoy laissent à l'administration de la mine le choix de se charger de la traction. Les soussignés ne peuvent pas plus admettre le couloir avec l'*Administration de la mine*, qu'avec la *société Palotte*; l'une et l'autre étant étrangère au pays et hostile aux intérêts de la vallée, les soussignés déclarent qu'ils entendent conserver la libre et entière exploitation de leurs carrières et qu'ils n'accepteront que les projets de leur choix;

4° Qu'on ne peut admettre que les concessionnaires puissent être dépouillés, malgré eux, de la faculté et de la liberté de transport au profit de quelques industriels étrangers qui ne chercheraient qu'à tirer de nos mines les plus grandes ressources possibles, en peu de temps, à épuiser nos ressources, et à ruiner de fond en comble nos familles, pour le présent et pour l'avenir.

En conséquence, les soussignés persistent dans leur opposition au projet et à la demande en concession de MM. Palotte et Ce ; ils réitèrent de plus fort l'étude du projet de route de Sem à Viedessos.

Foix, le 14 avril 1865.

Signée par 120 concessionnaires.

3e Protestation.

Les soussignés, ouvriers mineurs et concessionnaires des mines de Rancié, présentent les observations suivantes, à l'appui de leur opposition au projet des plans inclinés et à la concession qui est demandée :

I. — Les soussignés sont étonnés de la persistance que l'on met à vouloir faire exécuter ce projet qui n'a été proposé et qui n'est demandé que par des ingénieurs étrangers, sans droit et sans mandat de la part des concessionnaires des mines. M. le Ministre avait demandé l'étude de plusieurs projets pour diminuer le prix de transport du minerai. Les mineurs ont proposé une route carrossable de Sem à Viedessos ; et, sans s'inquiéter de cette demande, on n'a parlé jusqu'ici que de plans inclinés. Or, les concessionnaires refusent ce projet et veulent l'établissement de la route. Pour quels motifs préfère-t-on les plans inclinés?

Sous ce premier rapport, le projet des plans inclinés doit être déclaré inopportun, parce qu'il n'est pas à la convenance des propriétaires de la mine, qu'il est énergiquement repoussé par eux et qu'ils ont pris la résolution de le combattre de toutes leurs forces.

II. — Le projet des plans inclinés ne saurait être déclaré d'*utilité publique*.

En effet, ceux qui pourront en profiter ne représentent que des *intérêts privés*, tandis que ceux auxquels il sera nuisible représentent l'*intérêt général*. Ce n'est pas dans l'intérêt des huit communes concessionnaires des mines et des 400 mineurs qui l'exploitent que le couloir est demandé, puisque les conseils municipaux de ces communes ont constamment protesté contre ce projet et que tous les mineurs en reconnaissent l'inutilité et les inconvénients.

Veut-on soutenir que le projet est d'utilité publique, parce qu'il sera utile aux maîtres de forges qui achèteront le minerai meilleur marché ? Ce n'est pas possible, car il serait inique de préférer les intérêts d'un industriel déjà riche aux intérêts d'un pauvre ouvrier qui expose chaque jour sa vie pour gagner son pain ; d'ailleurs, au point de vue légal, l'intérêt d'un ou de plusieurs particuliers, pour si énorme qu'il soit, ne peut pas suffire pour faire prononcer l'expropriation d'une propriété appartenant à une collection d'individus qui représentent des intérêts généraux considérables. D'où il suit que, dans l'espèce, l'intérêt public se trouve du côté des huit communes concessionnaires des mines, qui reconnaissent l'inutilité et les dangers du couloir, tandis que la demande formée, en ce moment, ne repose que sur des intérêts privés de peu d'importance. Le projet ne serait donc pas d'utilité publique, mais d'utilité privée.

III. — En admettant que les plans inclinés peuvent présenter quelque utilité, il faut rechercher s'il est le seul projet absolument utile, et si d'autres projets ne peuvent pas réaliser ce *but utile* que l'on se propose.

D'après nous, que les lumières du simple bon sens éclairent, et qui ne sommes aveuglés, ni par l'obstination, ni par les utopies d'un progrès chimérique, les principes du couloir sont aussi déplorables que les conséquences en seront désastreuses. Nous avons toujours soutenu qu'une route carrossable de la galerie Becquey à Vicdessos serait le projet le plus sûr, le plus commode, le moins onéreux et le plus avantageux pour les producteurs du minerai que pour les consommateurs. Cela ressort de la comparaison des deux projets :

1° Les frais du couloir se porteront à près de 300,000 fr. Les frais pour l'établissement de la route ne dépasseront pas 60,000 fr. Nous sommes prêts à le prouver.

2° Si l'on fait le couloir, il faudra supporter les frais et les lenteurs de l'expropriation, lutter contre la résistance des communes qui sera rude et longue. Le projet de route, étant au gré de tous, les cessions des terrains se feront à l'amiable ; même la plupart de ces terrains étant communaux, l'abandon en sera gratuit ; enfin, les frais seront presque nuls, parce que la route étant classée départementale, l'Etat devra donner des secours, et les travaux de prestation des huit communes concessionnaires pourront y être affectés puisqu'elle sera d'utilité communale.

3° Le but utile du couloir, ce pourquoi on le demande, c'est que le prix de la volte du minerai rendu à Vicdessos sera réduit à 0f 75c. Dans le projet de route, ce but peut être atteint et même dépassé. D'abord les charrettes transporteront des quantités considérables de minerai ; et comme elles ne seront chargées qu'en descendant la route, la raideur de la pente ne sera point un obstacle. Les charrettes pouvant effectuer plusieurs voyages par jour, les frais de transport se répartiront sur ce nombre de voyages et sur les quantités de minerai transporté ; par conséquent, le prix de revient sera le plus bas possible. Du reste, les soussignés prennent, à cet égard, l'engagement formel de transporter le minerai à Vicdessos à un prix égal à celui qui est promis dans le projet de couloir.

Que demande-t-on de plus ? D'un côté la société Palotte avec son couloir promet et s'engage de vendre le minerai à Vicdessos à 1 fr. 75 la tonne. D'un autre côté, les propriétaires des mines promettent et s'engagent d'obtenir le même résultat au moyen d'une route carrossable. A qui doit on donner la préférence des deux projets et des deux concurrents ? On ne voudra pas soutenir sans doute que des spéculateurs étrangers puissent être préférés aux propriétaires eux-mêmes qui sont seuls intéressés sur leur vie, leur subsistance et celle de leurs enfants à la conservation et à la prospérité de la mine ?

On ne pourra pas non plus préférer le projet Palotte au projet des soussignés, lorsque tous deux conduisent au même résultat, en ce qui concerne le prix de revient du minerai. Au contraire, toutes les préférences appartiennent de droit aux concessionnaires. M. Palotte lui-même en convient; du reste, ces préférences se justifient parce que le couloir n'offre aucun avantage et présente d'énormes inconvénients. — Ainsi :

4° Dans le projet de couloir on empiète sur la propriété même des mines et on consacre un monopole destructif de toutes les libertés commerciales.

En effet, d'après le projet, il n'y a plus de marché sur la place des mines; le mineur ne choisit plus son acheteur, l'acheteur ne choisit pas la marchandise. Le minerai passe directement des chantiers de l'extraction dans le magasin du consommateur. Le mineur reste enfoncé dans les galeries ; il ne débat plus le prix de sa marchandise ; il n'est pas payé comptant. La vente, le droit de vente, la liberté de vente, tout disparaît. La vente est forcée, puisqu'on impose au mineur un seul acheteur, et que cet acheteur lui imposera ses conditions. Une telle situation sera déplorable; le mineur ne sera plus propriétaire, puisqu'il ne disposera plus de sa mine. Ce n'est point à raison de la marchandise qu'on le paiera, mais à raison de son travail. Ce travail on le lui imposera, et on fera ainsi de ce propriétaire libre, un ouvrier mercenaire, un esclave soumis aux plus rudes travaux. Les soussignés n'accepteront jamais une telle situation : leurs droits, leurs franchises, leur concession triompheront de projets aussi ambitieux, et on plaidera, s'il le faut.

Pour le maître de forges, les conséquences du couloir sont encore plus déplorables. Le concessionnaire du couloir sera à la tête d'un grand monopole. Il achètera seul le minerai, il le transportera seul, et il s'en servira à son gré puisqu'il l'aura payé. Les maîtres de forges qui voudront de cette marchandise, seront obligés de s'adresser à cet unique entrepositaire et marchand. L'on conçoit bien que, s'il craint la concurrence, ou s'il veut anéantir l'industrie de son rival, il lui refusera le minerai ou ne le lui livrera qu'à des conditions impossibles. Ainsi, avec le couloir, toutes les libertés commerciales disparaissent.

5° Dans le projet de route, tous les droits, tous les intérêts sont sauvegardés : le marché existe sur la place des mines. Le mineur aura le choix de l'acheteur, et chacun pourra transporter à son gré le minerai, les uns au moyen des charrettes, d'autres avec des mulets, d'autres avec des plans inclinés. Le maître de forges pourra traiter directement avec le producteur; il aura le choix de la marchandise; il pourra compter sur la hausse et la baisse, sur le terme dans les paiements, etc., en un mot, la concurrence et la liberté, âmes du commerce, existeront au profit de tous.

D'après ce qui vient d'être dit, les soussignés persistent à s'opposer :

1° A ce que le projet des plans inclinés soit déclaré d'utilité publique;

2° A ce que la demande en concession de MM. Palotte et Durozey soit admise.

Ils demandent au contraire que le projet de route carrossable de Sem à Vicdessos soit adopté préférablement à tout autre.

Et dans ce but, ils prient MM. les membres de la commission de répondre aux questions suivantes :

1° Peut-on exécuter un projet qui tend à modifier l'exploitation actuelle des mines de Rancié sans le consentement des propriétaires de ces mines?

2° Peut-on déclarer d'utilité publique un projet repoussé, à l'unanimité, par huit communes, seules intéressées, et par l'ensemble des mineurs?

3° Ne doit-on pas donner la préférence au projet proposé par les concessionnaires eux-mêmes, agréé par eux, exécuté par eux et à leurs frais, si ce projet atteint le résultat que l'on désire?

4° Dans tous les cas, et, avant de statuer définitivement, ne doit-on pas demander, comme d'utilité publique, l'étude approfondie du projet de route? (Signée par 9 concessionnaires).

Foix, le 15 avril 1865.

4e Protestation.

Longuement motivée, développée dans le même sens et concluant comme les deux précédentes, par M. Louis Delcurrou, avocat à Pamiers.

Foix, le 15 avril 1865.

Signé : Delcurrou, avocat.

(Plus de 120 concessionnaires ont signé cette même protestation).

5e Protestation.

De M. l'abbé Rouzaud, curé de Contrazy (Ariége), qu'il est inutile de reproduire en raison de celle qu'il avait faite en 1862 et qui est imprimée, *suprà*, page 126.

6e Protestation.

Je déclare déposer qu'il est de la plus grande utilité que le couloir, pour descendre les mines de Rancié au pied de la montagne, soit établi dans le plus bref délai possible, dans l'intérêt de nos établissements métallurgiques et parce que, au moyen dudit couloir les mines de Rancié descendant au pied de la montagne coûteront moins cher que par le moyen qu'on les descend aujourd'hui; que nos établissements métallurgiques ne peuvent se soutenir qu'en opérant quelque économie sur les matières premières; que si le minerai se vendait meilleur marché, d'autres établissements étrangers au département viendraient aussi s'approvisionner à Cabre. Ce serait, par ce moyen, assurer du travail au mineur qui ne fait que la moitié de celui qu'il pourrait faire, et que ledit couloir serait donc un bien pour tous, et que si le minerai était descendu de la même manière qu'on le descend aujourd'hui, il est à craindre que certains établissements qui en font une grande consommation ne soient obligés de s'arrêter et dès lors la ruine de cette vallée est complète.

Foix, le 19 avril 1865.

Signé : DAX, *maître de forges.*

7e Protestation.

Je déclare, François Portet, maître de forges à Foix, déposer m'associer aux vues de M. Dax.

Fait à Foix, le 19 avril 1865.

Signé : PORTET, *mètre de forges* (sic).

8e Protestation.

Je soussigné, Léon Rouzaud, vicaire de Saint-Girons, natif de Sem, et par conséquent concessionnaire des mines de Rancié (Ariége), convaincu que tout plan incliné ou couloir tourne à l'avantage du plus petit nombre et au détriment de toute la vallée de Vicdessos, déclare m'opposer à la concession des terrains sollicités à l'effet d'établir un plan incliné ou couloir, par une société quelconque, mais verrais avec bonheur pratiquer une route carrossable, ce dernier projet étant le seul qui puisse donner le bien-être au pays, et atteindre le but qu'on se propose.

Que se propose-t-on, en effet, pour l'établissement du couloir ou plan incliné ? La diminution des frais de transport pour fournir la matière première à des prix très-réduits, et par suite rivaliser avec toute autre mine. Ce but est loin d'être atteint par l'établissement du couloir, aussi efficacement que par la route carrossable demandée à grands cris par les communes concessionnaires.

Les avantages d'une route carrossable sont de beaucoup supérieurs à ceux que pourraient offrir tous plans inclinés. 1° Le prix de transport sera moindre avec la route carrossable que le prix offert par le couloir, puisque les rouliers qui aujourd'hui prennent le minerai à Cabre feront, sans augmentation de prix, quatre kilomètres de plus pour arriver à la mine, distance qui ne sera nullement appréciée à raison de la concurrence du commerce, et si toutefois une redevance quelconque était exigée pour ce parcours, elle serait infiniment minime, mais toujours moindre que celle du couloir.

Les actionnaires du projet du plan incliné auront à considérer dans le prix de transport : 1° une dépense de 220,000 fr. pour frais de construction ; 2° frais du personnel employé pour l'expédition du minerai ; 3° frais d'entretien ; 4° le bénéfice que désire faire la société qui deviendrait concessionnaire ; car je ne suppose pas qu'elle soit mue uniquement par un sentiment de philanthropie.

Second avantage de la route sur le plan incliné, *liberté de commerce*, concurrence, tandis que le *monopole* et la centralisation sont les conséquences inévitables de l'établissement de ce couloir par une société quelconque.

Qu'on ne nous objecte pas que le prix de la route carrossable serait supérieur à celui qui est déjà exigé pour le couloir ; d'après l'avis des ingénieurs qui ont levé le plan de cette route, il y a environ douze ans, la somme nécessaire pour cette route, de Vicdessos à Sem, bien entendu, ne se porte qu'à 80,000 francs.

Parlerai-je des avantages immenses qui résulteraient de cette route pour les communes de Sem, Goulier-et-Olbier ? Ils devraient cependant être pris en considération. Par une route carrossable, ces pays pourraient transporter avec facilité et à peu de frais les choses nécessaires à la vie, ce qui va devenir, si on ne leur accorde ce moyen, après la disparution du muletage, très-onéreux, sinon impossible.

Je termine ces quelques observations que je ne fais qu'effleurer en passant, en déplorant de toute mon âme qu'on ne puisse exaucer les vœux d'une population qui demande à grands cris, pour entrer dans le progrès, une route carrossable, comme étant l'unique moyen de satisfaire tous les intérêts.

Foix, le 19 avril 1865.

Signé : Rouzaud, *vicaire.*

9e Protestation.

Je déclare, André Sabardu, m'associer à ce qui vient d'être déposé par M. l'abbé Rouzaud.

Foix, le 19 avril 1865.

Signé : Sabardu, de Sem.

10e Protestation.

Le soussigné, natif de Sem, canton de Viedessos (Ariége), persuadé : 1° que les communes concessionnaires des mines de Rancié ont tout à gagner au maintien de la liberté de la vente et du transport du minerai ; 2° que la route carrossable de Sem à Viedessos est le moyen *unique* de concilier les intérêts des concessionnaires avec le progrès de l'industrie ; 3° *que le but unique* que doivent se proposer les partisans du plan incliné et M. Palotte lui-même, est la réduction du prix de revient du minerai pour les consommateurs, et que ce but est atteint avec avantage par la route carrossable ;

Demande, qu'on repousse le plan incliné et la demande de concession faite par M. Palotte, et qu'on soumette l'étude d'une route carrossable de Sem à Viedessos, à une commission syndicale, prise parmi les concessionnaires des mines.

Pamiers, le 18 avril 1865.

Signé : L'abbé Labios, *vicaire au camp à Pamiers.*

Déposée, le 20 avril, à Foix.

11e Protestation.

Le soussigné, natif de Sem, canton de Vicdessos,

Considérant, 1° que son propre pays possède les ressources nécessaires pour les modifications des voies de transport du minerai que peut réclamer l'industrie ;

2° que, jusqu'à ce jour, les oppositions qui se sont manifestées pour faire échouer les divers projets, avaient pour but général de sauvegarder les droits du pays et de repousser l'immixtion de tout étranger dans la gestion des affaires des mines et la perception de tous les revenus industriels ;

3° que le projet de M. Palotte renouvelle les prétentions, spoliations et monopoles des projets déjà proposés par d'autres demandeurs ;

4° que si le pays est rendu à la liberté par des modifications au règlement de 1833, qui n'est qu'une surprise malheureuse, et par la formation d'*une commission syndicale* chargée des intérêts de la vallée de Vicdessos (demandée inutilement depuis plusieurs années), il entrera immédiatement, sans effort et tiraillement, dans les idées de progrès, réclamées par l'industrie,

Déclare : 1° s'opposer et repousser les demandes de M. Palotte comme inutiles, tendant à la dépossession de la vallée de Vicdessos, et à la ruine de la liberté commerciale ; 2° protester contre tout ce qui sera fait et décrété contre les droits de son pays et sans son consentement préalable, manifesté par une commission syndicale et par les conseils municipaux de la vallée de Vicdessos.

Déposée le 20 avril, à Foix.

Signé : DELCURROU, *professeur au grand séminaire de Pamiers.*

NOTA. Le registre d'enquête ouvert à Foix, fut clos le 20 avril. Les 300 signatures environ qu'il renferme émanent des habitants de la vallée de Vicdessos et à l'exception de 2 seulement, elles marquent des protestations énergiques contre le projet de couloir et la demande de concession.

ENQUÊTE A VICDESSOS

Du 20 avril 1865 au 30 du même mois.

Un concessionnaire trouvant, avec raison, que Foix était trop éloigné de la vallée des mines de Rancié pour les vieillards et les concessionnaires indigents qui désireraient protester contre la demande de M. Palotte, en fit l'observation à M. le Ministre qui accorda une prolongation de dix jours, et décida que l'enquête, clôturée à Foix le 20 avril, se continuerait à Vicdessos, chef-lieu de la vallée concessionnaire, jusqu'au 30 du même mois.

En conséquence, un cahier d'enquête a été ouvert à la mairie de Vicdessos, le 20 avril 1865, sur lequel grand nombre de concessionnaires ont inscrit les protestations suivantes, revêtues de huit à neuf cents signatures.

REGISTRE DE L'ENQUÊTE OUVERT A VICDESSOS

Du 20 avril au 30.

Aujourd'hui dix-neuf avril mil huit cent soixante-cinq, à deux heures du soir, en la mairie de Vicdessos,

Nous,

nommé commissaire enquêteur par M. le Préfet de l'Ariége, suivant sa du , pour procéder, conformément à l'art. 7 du décret du 15 octobre 1810, à une enquête de COMMODO *et* INCOMMODO, *relativement à l'établissement d'un chemin de fer et plans inclinés, de Rancié à Vicdessos, pour descendre le minerai; laquelle enquête a été annoncée à son de caisse et par voie d'affiches, placardées aux lieux accoutumés, afin que les intéressés ne puissent en ignorer, et que cette publicité* AUTORISE A COMPTER LE SILENCE DES ABSENTS COMME UN VOTE AFFIRMATIF ;

Après avoir invité une dernière fois aujourd'hui, à son de caisse, les habitants à comparaître devant nous pour exprimer leurs vœux sur le projet dont il s'agit ;

Avons ouvert le présent procès-verbal, et, lecture faite aux personnes présentes du préambule ci-dessus, nous avons procédé à la réception des déclarations, lesquelles nous ont été faites individuellement et successivement ainsi qu'il suit :

NOTA. Ce préambule ayant soulevé plusieurs récriminations de la part des habitants de Vicdessos, on consulta M. le Préfet qui répondit, qu'il n'y avait pas de commissaire enquêteur à nommer, et que l'enquête de Vicdessos était la suite pure et simple de l'enquête commencée à Foix le 1er avril, et clôturée le 20. On se plaignit aussi de cette étrange publication qui prétendait compter le silence des absents comme un vote affirmatif, probablement en vertu de ce dicton bien pauvre : « qui ne dit rien, consent. »

1re Protestation.

Les soussignés, habitants de la vallée de Vicdessos, concessionnaires des mines de fer de Rancié, déclarent protester de nouveau, comme en 1862, contre le projet du plan incliné, conçu et proposé par l'administration des mines, parce qu'il n'a pas été soumis aux délibérations des conseils municipaux et qu'il n'est pas sympathique aux propriétaires des mines de Rancié.

Déclarent encore s'opposer à la demande en concession, faite au détriment du pays par MM. Palotte et Durozey, parce qu'ils sont étrangers à la vallée de Vicdessos, qu'ils ne peuvent avoir la préférence sur les propriétaires, d'après le règlement du 7 août 1414 ; qu'ils font un monopole tellement étrange, qu'il ruine le pays et anéantit ses droits et ses franchises.

Voulant ardemment d'utiles améliorations, ils demandent de

nouvelles études de projets plus économiques et plus avantageux pour tous, et désirent que ces projets s'exécutent au nom et au profit des habitants de ladite vallée, et que la commission syndicale, demandée par les conseils municipaux, soit immédiatement organisée, pour qu'elle puisse adopter, sans retard, les sérieuses réformes réclamées par l'industrie et l'intérêt de la vallée.

Vicdessos, le 21 avril 1865.

(Signée par 78 concessionnaires).

2e Protestation.

Je soussigné, Charles Barbe, propriétaire et négociant à Vicdessos;

Après avoir pris connaissance des pièces concernant le projet de transport des mines de Rancié à Vicdessos, par le moyen d'un chemin de fer et plans inclinés, proposés par l'administration des mines,

Déclare, en ma qualité de concessionnaire desdites mines,

Défectueuse la composition de la *commission* nommée pour statuer sur ledit projet, en ce que les membres qui en font partie sont tous étrangers à la vallée de Vicdessos, sauf l'un, dont je ne dirai rien!... sinon que ses intérêts, à ce que l'on assure, sont directement liés à la réussite du projet.

Défectueuse surtout, en ce que l'on connaît d'avance son opinion qu'elle a manifestée en décembre 1862, lors de la première enquête, par une approbation unanime donnée audit projet, sans avoir pri la peine, de l'aveu d'un des membres qui la composaient, d'examiner attentivement les plans et devis, pas plus que de faire la lecture entière des pièces, notamment des nombreuses protestations motivées, enregistrées au cahier d'enquête. Or, de même que la lumière naît du contact et de la discussion des opinions contraires, elle ne saurait se faire dans une réunion de membres homogènes, tous étrangers à la vallée, susceptibles ainsi de n'être pas suffisamment éclairés sur la valeur de nos titres et de nos droits, tous maîtres de forges ayant, par conséquent, leurs intérêts diamétralement opposés aux nôtres.

Par ces motifs, et sans m'arrêter au fond du projet lui-même que j'attaque dans sa forme, tout en reconnaissant que le système actuel de transport fait par les mulets n'a jamais eu mes sympathies; désirant fermement de le voir changé en un autre mode plus avantageux pour les consommateurs, mais surtout pour les communes concessionnaires dont les intérêts souffrent depuis longtemps, plus en harmonie enfin avec ce progrès général qui se fait partout dans toutes les branches de l'industrie, je proteste :

1° Contre le droit de l'administration des mines de s'immiscer dans une question qui regarde les communes concessionnaires seules propriétaires.

2° Contre toute décision qui serait prise en dehors de la participation directe et exclusive des habitants de la vallée de Vicdessos, notamment contre celle que pourrait prendre la commission nommée à l'effet de donner un avis sur ledit projet.

Déclare, en outre, m'opposer formellement à l'exécution du projet, en ce qu'il est contraire aux droits et aux intérêts des communes concessionnaires; droits dont nous sommes injustement dépouillés depuis trop longtemps, et qu'on voudrait anéantir en créant un monopole au bout duquel je vois la ruine du pays, au bénéfice d'une Compagnie dont les principaux actionnaires sont étrangers à la vallée.

J'émets le vœu qu'il plaise à M. le Ministre compétent, organiser dans la vallée de Vicdessos une commission syndicale, composée des délégués de toutes les communes concessionnaires, nommés par les suffrages des populations. Que cette commission soit autorisée à se réunir, à sa volonté, au chef-lieu de canton, afin de décider souverainement au nom des communes, seules et vraies propriétaires, et dans un délai de deux à six mois, la manière dont elle entend que la mine soit gérée, vendue et transportée :

déclarant m'en rapporter d'avance à la décision qu'elle jugera convenable de prendre, dès qu'elle sera revêtue de l'approbation de qui de droit, conformément aux lois qui nous régissent.

Après m'être adressé à son enquête, que M. le Ministre me permette de lui offrir ici mes humbles, mais bien sincères félicitations pour l'arrêt bienveillant que Son Excellence a cru devoir prendre, de transporter l'enquête de Foix à Vicdessos. J'y vois un commencement de justice, ou, si l'on veut, un commencement de régularité. Il est incontestable que, quoiqu'un peu tardive, cette décision facilite aux communes et à ses adversaires les partisans du projet, le moyen d'exprimer leur opinion. Par dessus tout elle est une promesse, qui garantit à tous, que M. le Ministre est résolu, non seulement à peser toutes les opinions, mais encore à nous donner cette solution que nous désirons, que nous attendons depuis si longtemps. Et ainsi cessera cette fermentation qui se fait dans les masses, lorsque la question est ou paraît assoupie, et qui se change, au grand préjudice du bien-être et de la prospérité publique, en une agitation et des divisions regrettables, dès qu'on essaye de la réveiller.

Vicdessos, ce 21 avril 1865.

Signé : Ch. Barbe.

3e Protestation.

Les soussignés, Ferdinand Denjean, maître de forges à Vicdessos, membre du Conseil municipal de Vicdessos, et Augustin Rouzaud fils, négociant à Sem et maître de forges à Auzat, déclarent, en leur qualité de concessionnaires des mines de Rancié, s'opposer formellement à la demande de concession du plan incliné faite par MM. Palotte et Durozey, comme portant atteinte aux droits et aux intérêts des habitants de la vallée.

Ils rejettent l'exécution du projet, parce qu'il se fait dans des conditions onéreuses pour tout le monde, inacceptables pour les industriels et ruineux pour le pays ; projet qui ne profitera qu'aux demandeurs de la concession.

« Les concessionnaires, disent-ils dans leur lettre du 31 jan-
» vier, s'engagent enfin à prendre livraison de vingt mille tonnes
» de minerai par an au moins, au prix fixé annuellement par
» arrêté préfectoral, sauf réserve, toutefois, que cette livraison
» leur sera faite *préalablement à tous autres consommateurs ou*
» *demandeurs*. »

Ce système consacre un monopole tellement odieux et inique, qu'il détruit d'un seul coup et la liberté du commerce, gage pour l'industrie, et la concession primitive elle-même avec toutes ses franchises et priviléges. La remise du couloir entre les mains de l'administration de la mine, comme le dit M. le Ministre de l'agriculture, et au profit exclusif d'une Société étrangère, n'est autre chose qu'une véritable substitution de propriétaires.

Les titres anciens qui nous accordent la concession de Rancié, disent en termes formels et explicites que les habitants et maîtres de forges de la vallée doivent toujours avoir la préférence au marché aux mines sur tous les étrangers ; la demande de M. Palotte détruit précisément cette clause importante de notre concession.

Ils repoussent cette demande, parce que les habitants de la vallée, les ouvriers mineurs, préfèrent exécuter eux-mêmes tous les travaux nécessaires pour livrer le minerai à de meilleures conditions encore que MM. Palotte et Durozoy, et qu'il est juste de leur donner cette préférence que leur concèdent les chartes anciennes et nouvelles.

Pour mettre à l'étude des projets plus économiques, il est indispensable qu'ils soient représentés par un conseil d'administration, composé de concessionnaires ; or la loi du 18 juillet 1837 ordonne qu'une commission syndicale soit organisée, quand il s'agit de gérer un bien indivis entre plusieurs communes, et lorsqu'une commune intéressée le demande.

En conséquence, les soussignés demandent le syndicat, comme

l'unique solution équitable, la seule conciliante, la seule, en même temps, qui sauvegardera tous les intérêts.

Et à tous ces motifs, disent qu'il y a lieu de rejeter la demande de MM. Palotte et Durozey.

Vicdessos, le 22 avril 1865.

Signé : A^in^ Rouzaud, F^d^ Denjean.

4me Protestation.

Je soussigné, Rouzaud (Vincent), maître de forges, habitant de Sem, déclare m'associer aux vues et aux conclusions de MM. Denjean et Rouzaud.

Vicdessos, le 22 avril 1865.

signé : V^t^ Rouzaud.

5me Protestation.

CONSEIL MUNICIPAL DE SEM.

Les membres du conseil municipal de Sem, canton de Vicdessos (Ariége), soussignés, ont l'honneur de rappeler à Monsieur le Préfet et aux membres de la commission d'enquête d'utilité publique, qu'ils ont déjà protesté contre les plans inclinés, dans l'enquête de 1862, et qu'ils en ont voté le rejet motivé, et demandé la commission syndicale par délibérations du 19 février 1863, 15 février 1864, 19 novembre 1864 et 19 février 1865.

Ils déclarent aujourd'hui s'opposer de nouveau à l'exécution de ce couloir ou plan incliné, parce que les communes n'ont pas été consultées sur son opportunité et son utilité ; et ils sont encore d'avis de rejeter la demande de concession formée par MM. Palotte et Durozey, comme créant un *monopole* destructif de nos droits et ruineux pour le pays.

Ils demandent de nouveau l'organisation du syndicat conformément à la loi du 18 juillet 1837 ; et sollicitent l'autorisation de poursuivre les personnes étrangères qui voudraient porter atteinte à leurs droits et priviléges.

Vicdessos, le 22 avril 1865.

Ont signé :

Jean-B[te] ROUZAUD, fils, Bernard DELCURROU, père,
Vincent ROUZAUD, Raymond ROUZAUD,
Nicolas ROUZAUD, Hippolyte DELCURROU, fils,

Membres du conseil municipal de Sem.

6me Protestation.

CONSEIL MUNICIPAL DE GOULIER-OLBIER.

Les conseillers municipaux de la commune de Goulier-Olbier, canton de Vicdessos, soussignés, déclarent, en leur qualité de concessionnaires des mines de Rancié, s'opposer à l'exécution du couloir, proposé en 1860 par M. Mussy, comme ils l'ont déjà fait dans l'enquête de 1862, parce que les communes concessionnaires n'y ont pas consenti, et qu'ils ne veulent pas, surtout, qu'il soit exécuté par une société étrangère, au détriment des habitants de la vallée, qui doivent toujours avoir la préférence, d'aprés les chartes les plus authentiques de leur concession.

Ils prennent l'engagement de poursuivre par toutes les voies de droit, toute personne ou société étrangère, qui porterait la moindre atteinte à leur propriété de Rancié.

En conséquence, ils déclarent qu'il y a lieu de rejeter la demande de concession du plan incliné, faite par MM. Palotte et Durozey, parce que cet acte serait attentatoire à leurs droits de propriété, et que si le transport doit être amélioré dans l'intérêt de l'industrie, il est juste et équitable qu'il le soit par les propriétaires eux-mêmes, et à leur profit, et après délibération des véritables concessionnaires.

Dans le but de proposer de nouvelles études plus économiques, ils demandent la nomination de la commission syndicale, comme ils l'ont déjà fait par les délibérations des 17 février 1862, 23 février 1863, 14 février 1864 et 20 novembre 1864.

Vicdessos, le 23 avril 1865.

Ont signé :

Moundétou GALY,	Léro LANTAN et VERGNIER,
Baptiste AUGÉ,	Luc BARBE,
Jean SÉGUÉLAS,	Jean NAN,

Membres du conseil municipal de Goulier-Olbier.

7me Protestation.

Les ouvriers mineurs et habitants de la vallée de Vicdessos, soussignés, concessionnaires des mines de fer de Rancié, déclarent d'hores et déjà, s'opposer formellement à l'exécution du couloir ou plan incliné proposé par l'administration de la mine, ainsi qu'à la demande de concession de MM. Palotte et Durozey, et prennent l'engagement de poursuivre, par toutes les voies de droit, toute personne étrangère ou société qui porterait la moindre atteinte à leur propriété de Rancié :

Parce que cette demande est faite à des conditions impossibles et au grand préjudice des concessionnaires ; qu'ils préfèrent exécuter eux-mêmes, à leurs frais, risques et périls tous les travaux qui seront, par un conseil d'administration issu du suffrage universel, reconnus urgents et indispensables, dans l'intérêt de l'industrie et du pays ; à la condition expresse qu'ils tourneraient à l'avantage et au profit exclusif des propriétaires, suivant l'esprit de la concession, conformément aux règlements et aux usages locaux, et sous la surveillance de l'autorité supérieure.

A cet effet les soussignés demandent l'organisation de la commission syndicale, d'après la loi du 18 juillet 1837, et le rejet de la demande de concession de MM. Palotte et Durozey, comme une violation flagrante de leurs droits de propriété, et comme entachée de monopole.

Vicdessos, le 23 avril 1865.

(Signée par 285 concessionnaires de Rancié des diverses communes).

8e Protestation.

CONSEILS MUNICIPAUX DE SEM ET DE GOULIER-OLBIER.

Les membres du conseil municipal de Sem, de Goulier-Olbier, soussignés, protestent contre la délibération du conseil municipal de Vicdessos, du 22 janvier 1862, prise par neuf conseillers municipaux, relatée dans la demande de MM. Palotte et Durozey, en date du 9 mars 1865, et qui accorde une subvention de six mille francs et l'abandon gratuit de terrains communaux, pour l'établissement du magasin destiné à recevoir la mine; cette subvention, disent-ils, serait d'un grand secours, non seulement par elle-même, mais surtout par son effet moral.

Cette délibération paraît aux soussignés entachée de nullité, parce que ledit conseil municipal n'avait pas le droit d'accorder une subvention de six mille francs sans le concours des plus hauts imposés, et qu'il ne pouvait, encore moins, abandonner gratuitement les terrains communaux, sans avoir fait procéder à une enquête de *commodo* et *incommodo*.

Cette délibération n'étant pas régulière, est nulle de plein droit, et les soussignés pensent que n'ayant pas reçu l'approbation de l'autorité supérieure, elle doit être considérée comme non avenue.

Vicdessos, le 23 avril 1865.

Ont signé :

Les conseillers de Sem,	*Les conseillers de Goulier-Olbier,*
Raymond ROUZAUD.	Baptiste AUGÉ.
Vincent RAYMOND.	Luc BARBE.
J.-B. ROUZAUD fils.	Jean SÉGUÉLAS.
Nicolas ROUZAUD.	Jean GALY.
Bd DELCURROU.	Jean NAN.
Hippolyte DELCURROU.	Léro LANTON.

9e Protestation

Les soussignés, habitants et plus hauts imposés de *Vicdessos*, après avoir pris connaissance de la protestation des conseillers municipaux de Sem et de Goulier-Olbier, contre la délibération du conseil municipal de Vicdessos, du 22 janvier 1862, déclarent qu'il y a lieu d'adopter leurs conclusions.

Mais, serait-elle régulière et revêtue d'une autorisation en forme, les soussignés ne comprennent pas que cette délibération, qui remonte à 1862, puisse être invoquée en faveur d'une demande de concession de MM. Palotte et Durozey, faite le 9 mars 1865. Quoique ce soit toujours le même plan incliné, il est incontestable qu'on le présente aujourd'hui avec des conditions tout-à-fait différentes. Et ces Messieurs l'ont tellement compris, qu'ils n'ont pas mentionné la date de cette délibération ; ils se contentent de dire, que : « La subvention de six mille francs accordée » par le conseil serait d'un grand secours, non seulement par » elle-même, mais surtout par son effet moral. »

La preuve qu'il n'y a pas de rapport possible entre les deux projets, se trouve dans la délibération elle-même : « Nous ne » devons rien négliger pour assurer l'exécution d'un projet qui » doit nécessairement augmenter la fortune publique et permettre » enfin que les habitants de Vicdessos prennent *leur part des* » *avantages* qu'offrent les mines de Rancié aux communes con- » cessionnaires. » C'est un des considérants de la délibération. Donc, il y avait à cette époque, promesse d'un bénéfice quelconque en faveur des propriétaires ; tandis qu'aujourd'hui ce même bénéfice tourne exclusivement au profit d'une société étrangère. Que MM. Palotte et Durozey adressent aux conseillers de Vicdessos leurs projets de monopole, et ils sauront quel accueil leur est réservé. Quatre d'entre eux se sont déjà inscrits contre leur demande de concession, et plusieurs actionnaires de Vicdessos ont

monopole, détruit la liberté commerciale, nuit à l'industrie elle-même, et cause à la vallée un dommage irréparable, c'est-à-dire la perte de la propriété.

En présence de pareils faits, il est de notre devoir de marcher sur les traces de nos pères, qui, en 1808, s'opposèrent à une demande pareille du sieur Tournier l'aîné et Ce, de Vicdessos. Et lui, mieux que personne, pouvait y prétendre au moyen de ses droits, comme habitant de la vallée concessionnaire. J'ai entre mes mains les délibérations imprimées des conseils municipaux de Vicdessos, Sem et Goulier-Olbier, qui protestèrent et firent échouer le projet. Qu'on me montre aujourd'hui une seule délibération en faveur de MM. Palotte et Durozey, et je promets mon consentement.

MM. les ingénieurs, étrangers au pays, n'y sont que pour la gloire ; tandis que nous, propriétaires, sommes intéressés directement à la conservation de nos droits et à la subsistance de nos familles, pour ne pas être obligés de déserter notre patrie qui nous tient à cœur. Au nom de l'humanité, au nom de la loi et de nos intérêts les plus sacrés, je me permets de faire un dernier appel aux instigateurs du plan incliné ; je les adjure de respecter les droits exclusifs de notre concession, que nous voulons défendre au péril même de nos biens.

Je suis pour toute réforme reconnue indispensable dans l'intérêt de l'industrie et de la vallée ; mais à la condition expresse que le pays lui-même l'aura délibérée par l'organe d'une commission syndicale qui représentera toutes les communes intéressées.

Je demande donc le syndicat, conformément aux art. 70 et suivants de la loi du 18 juillet 1837, et déclare m'opposer à la demande de concession de MM. Palotte et Durozey.

Vicdessos, le 23 avril 1865.

Signé : PECH, de Goulier.

Les soussignés, ouvriers mineurs et concessionnaires des mines de Rancié, après avoir pris connaissance des observations ci-dessus enregistrées, déclarons nous y associer complétement.

Vicdessos, le 23 avril 1865.

(Signée par 51 concessionnaires).

11e Protestation.

Je soussigné, Charles Barbe, propriétaire et négociant à Vicdessos, déclare avoir commis, dans ma protestation du 21 de ce mois, une erreur bien involontaire, comme on le verra plus bas, et que j'ai cru devoir rectifier en y ajoutant quelques nouvelles observations.

J'ai dit avoir pris connaissance *des pièces* du projet. Ceci ferait croire que j'en ai pris connaissance à la mairie de Vicdessos, d'autant qu'on avait eu le soin de prévenir le public qu'elles étaient toutes déposées à la mairie où chacun pourrait les consulter. Or, je n'ai su y voir que la seule lettre de MM. Palotte et Ce à M. le Ministre, en date du 9 mars dernier. Quant aux autre pièces, particulièrement la lettre de M. le Ministre, en date du 22 mars dernier, qui résume tout le projet, inutile de les y chercher. Le vallet de ville à qui j'en demandai compte, me dit n'avoir reçu en dépôt que la lettre de M. Palotte.

Pour moi qui, d'un autre côté, m'étais procuré les autres et qui arrivais là avec une protestation toute prête, j'avais raison de dire que j'avais pris connaissance des pièces. Mais combien d'autres qui, les ignorant en partie, n'auront pu approuver ce qu'ils y eussent trouvé de bon et désapprouver le mauvais. Ce fait seul me paraît entacher cette enquête, sinon de nullité complète, du moins d'un manque de moyens suffisants pour bien des personnes, de quel parti qu'elles se trouvent, pour manifester leur opinion.

Je passe à mes nouvelles observations. J'ai lu sur l'entête du cahier d'enquête, ces mots : que la publicité donnée à l'enquête autorise à considérer le silence *des absents* comme un vote affirmatif. Les auteurs m'étant connus, cette tactique ne m'a pas surpris. Il me semble voir d'ici le sourire de béatitude qui a dû s'épanouir sur leur figure, lorsque ces grands hommes ont accouché de cette nouvelle souris. Au premier aspect, et pour un esprit tant soit peu épais, cela paraît foudroyant. Mais en le voyant de près, on y remarque sans peine un aveu complet d'impuissance. S'il suffisait de dire que l'on approuve le projet, rien de plus facile, et je conçois, qu'avec bien des efforts, on eût recouvré quelques signatures. Celle d'un certain Maire, que tout le monde connaît, ne leur eût pas fait défaut. — Dans une réunion du Conseil municipal, il a prononcé ces belles paroles : ceux qui protesteront contre le projet seront considérés comme ennemis du gouvernement ; les autres, en revanche, seront ses amis et auront part à ses faveurs. — Je félicite ce bon Maire de son dévouement : vaut mieux sage ennemi qu'imprudent ami, ne fut jamais si vrai.

Mais revenons à Vicdessos, ou, si vous voulez, repassons de Charybde à Scylla. Je disais donc que pour approuver il fallait un motif. N'a pas des raisons qui veut ; je parle des bonnes ou de celles qui s'avouent. Mais l'un devrait dire qu'il est pour le projet, parce qu'il y voit une bonne entreprise ; cet autre, qu'il y voit poindre une direction ; celui-ci, qu'il a hâte de noircir du papier timbré ; celui-là, que son bonnet s'élèvera d'un étage ; un cinquième croit tenir la caisse....... Et tant d'autres qui se ressemblent dans leur appétit commun. Voilà les approbateurs. Avais-je tort de dire qu'aucun n'a le courage de son opinion ? S'ils ont un motif plus noble, qu'ils nous le montrent.

Pour moi, si je remonte à l'enquête de 1862, je ne sache pas qu'elle renferme une seule approbation venant d'un homme de la vallée, sauf celle de M. le Maire de Vicdessos. Celle de 1865, ouverte à Foix, n'en contient que deux : celle de deux maîtres de forges, l'un du moins ; l'autre, moins ambitieux, dit-on, ne s'est traité que de *mètre*.

Or, puisqu'à Foix on a admis deux approbateurs, le cahier d'enquête était ouvert à tous les partis indistinctement. Qu'a fait Monsieur le Ministre ? il a transporté l'enquête à Vicdessos pour l'y continuer, comme à Foix. Pourquoi donc ce changement notable, qui fait que tout homme qui ne sait signer (et ils sont nombreux), se trouve condamné à approuver un projet que peut-être il abhorre ? Un arrêté ne saurait être modifié que par un autre ;

mais ce que Monsieur le Ministre n'a pas cru devoir faire, M. le Maire de Vicdessos l'a osé. En avait-il le droit? Avait-il, surtout, celui de prendre une telle résolution sans l'avoir publiée au son du tambour, comme il a fait pour le reste de l'enquête? Je ne pense pas être présomptueux en voyant dans ce fait un nouveau cas de nullité apporté à l'enquête.

Je passe à un troisième fait. Je le trouve dans la lettre qui constitue toutes les pièces du projet pour Vicdessos. Il a trait à cette délibération de neuf membres du Conseil municipal de Vicdessos, qui allouent une somme de 6,000 francs et les terrains nécessaires à la construction. On ne spécifie pas les ares, les hectares ; quand on est généreux on ne l'est pas à demi. Je suis censé ne pas connaître le plan des constructions puisqu'on ne me les montre pas.

J'aurais à dire trop de choses sur cette délibération que l'on dit si importante, comme effet moral. La moralité, la voici : à cette époque la compagnie consentait à traiter avec les communes, et prenant leurs intérêts en considération, leur accordait une part aux bénéfices de 5 à 5,000 fr. On conçoit que devant une telle proposition le cœur de nos conseillers municipaux se soit attendri et qu'ils aient cru ne pas devoir marchander. Depuis, les choses ont changé : il n'est plus question de communes. Serait-ce trop présumer du bon sens du Conseil municipal d'alors, en soutenant qu'aujourd'hui on ne réunirait pas neuf signatures? Je ne le pense pas, et la raison en est bien simple : quatre membres ont déjà protesté contre le projet. Cette délibération est d'ailleurs nulle de plein droit en ce qu'elle n'est pas revêtue de l'approbation préfectorale; mais, par-dessus tout, parce qu'elle est dépourvue de cette sanction, que tout esprit juste ne saurait méconnaître , du consentement des hauts imposés de la commune, dont la participation est indispensable quand il s'agit d'abandon de terrains ou d'actes qui nécessitent une aggravation d'impôts.

En finissant, je déclare n'avoir eu l'intention de blesser personne. Si ce que j'ai dit, de certains approbateurs, n'est pas fondé, tant mieux pour eux ; ils n'ont qu'à ne pas y prendre garde. Je crois cependant ne m'être inspiré que des souvenirs de conversations particulières. Je n'ai de haine pour personne, et si quelque passion avait dû m'exciter, ce serait celle (bien permise à tout bon citoyen) d'aimer son pays et d'ambitionner pour lui la prospérité dont il jouissait autrefois.

A Vicdessos, le 26 avril 1865.

Signé : Charles Barbe.

12e Protestation.

Lorsque, dans le courant du mois de décembre 1862, il fut procédé à une première enquête administrative sur l'utilité et l'opportunité des plans inclinés pour la descente du minerai de Rancié, je crus devoir consigner sur le registre ouvert à cet effet dans les bureaux de la préfecture, les observations suivantes :

« Je soussigné, Victor Barbe, de Vicdessos, prêtre supérieur » du petit séminaire de Pamiers, proteste, en ma qualité de con- » cessionnaire des mines de Rancié, contre le projet du chemin » de fer, des plans inclinés, etc., conçu et proposé par l'adminis- » tration :

1o Comme purement arbitraire, comme présenté en dehors du » concours sérieux, et portant par suite une atteinte radicale aux » droits et aux intérêts des habitants de la vallée de Vicdessos qui » sont constitués par des titres anciens, nombreux et authenti- » ques, les concessionnaires, et, partant, les vrais et les seuls » propriétaires des mines de Rancié.

» 2o Comme créant un monopole qui ne peut guère favoriser » que les intérêts et le bien-être de quelques particuliers, dont les » principaux sont étrangers au pays.

» 3o Comme tendant à rendre plus désastreux les abus, dont » le règlement, surpris au pays en l'année 1833, est la source, et » à consommer l'état de profonde misère qui en a été la consé- » quence inévitable.

» 4° Enfin, comme de nature à exciter le mécontentement
» général et la juste indignation des communes intéressées, con-
» tre toute administration qui permettrait, et à plus forte raison,
» qui oserait se permettre une violation aussi flagrante de nos
» droits les plus incontestables.

» C'est là ma conviction intime. »

Aujourd'hui qu'une nouvelle enquête est ordonnée par l'arrêté de M. le préfet, en date du 24 mars 1865, sur l'utilité et l'opportunité de la concession, sollicitée par MM. Palotte père et fils, et M. Durozey, d'une voie ferrée qui serait exécutée à leurs frais, risques et périls, conformément au projet dressé par MM. les ingénieurs des mines du département et approuvé par l'administration supérieure, je déclare maintenir ma première protestation, en ce qu'elle a d'applicable à la question présente, y ajoutant toutefois les explications qui suivent :

L'intérêt général de l'industrie et l'intérêt des communes concessionnaires des mines de Rancié, ces deux intérêts qu'on ne peut séparer, qui dépendent l'un de l'autre et se protègent mutuellement, les deux seuls que M. le préfet veut avec raison, par son arrêté du 24 mars 1865, que la commission chargée d'examiner les résultats de l'enquête ait en vue, sont effectivement les seuls que l'on doive envisager dans une question si grave, qu'elle peut être considérée comme une question de vie ou de mort pour un pays pauvre dont les mines de Rancié sont *le bien propre et la grande*, pour ne pas dire l'*unique ressource*. Ils excluent nécessairement tout autre intérêt qui leur serait opposé ; ils demandent que tout concours étranger, c'est-à-dire ne tournant pas directement et simultanément au profit de l'industrie et des concessionnaires, soit soigneusement écarté, comme n'étant ni nécessaire ni utile, comme étant même nuisible aux vrais intérêts du pays. Or tel est, à mon avis, le concours offert par MM. Palotte et Durozey.

1° Il n'est ni nécessaire ni utile. — De quoi s'agit-il en effet ? d'exécuter un projet qu'on prétend être le plus avantageux pour rendre la descente du minerai de Rancié plus facile, afin que le commerce en devienne plus abordable. Mais (1°) ce projet est-il réellement, comme l'affirment MM. Palotte et Durozey et autres qui ont quelque intérêt particulier à le défendre, celui qui sous tous les rapports offre le plus d'avantages? — La question est certes assez importante pour mériter, ce me semble, d'être préalablement soumise à l'examen d'une commission syndicale, composée de plusieurs membres appartenant aux diverses communes concessionnaires seules vraiment intéressées, et qui, agissant au nom de ces dernières et dans un même intérêt, serait seule vraiment compétente pour se prononcer. Personne n'est plus apte à défendre ses droits et ses intérêts que celui qui est intéressé et qui a le droit de les défendre. C'est une justice qu'on lui doit. — Mais (2°), alors même qu'il serait prouvé, jusqu'à l'évidence, que le projet en question est le plus avantageux sous tous les rapports, ne serait-il pas encore juste de le soumettre à la sanction de la commission syndicale ? Les principes les plus élémentaires du droit n'exigent-ils pas qu'on ne porte pas la main à un bien qui ne nous appartient pas, serait-ce même pour le cultiver, sans le consentement du propriétaire ? Or, ici ce consentement fait défaut ; les protestations qui, malgré l'influence et les efforts de nos adversaires s'élèvent plus nombreuses dans cette seconde enquête que dans la première, suffiraient du moins à prouver qu'il est bien loin d'être unanime. Au reste (3°), le projet dont il s'agit n'est pas une invention, c'est une question d'amélioration et de progrès déjà résolue et appliquée ailleurs. Or, grâces à Dieu, il y a dans les diverses communes intéressées, bon nombre d'hommes doués d'une intelligence et d'une activité suffisantes pour concevoir et conduire à bonne fin, sans avoir besoin d'un secours étranger, une entreprise qui consiste simplement à imiter et à reproduire ce qui existe déjà. — Mais, me dira-t-on, les fonds nécessaires, d'où les tirerez-vous ? De notre propre fonds, des richesses inépuisables de nos mines. Le gouvernement se refuserait-il à autoriser les communes concessionnaires à faire, pour cause d'utilité publique, un emprunt qui serait couvert au bout de quelques années par des revenus plus considérables, fruit d'une exploitation toujours régulière mais plus abondante ? — Donc le concours de MM. Palotte et Durozey n'est ni nécessaire ni utile pour l'exécution du projet en question, ou de tout autre, qui serait même approuvé par la commission syndicale. Ces considérations devraient suffire pour montrer le danger qu'il y aurait à l'admettre et la nécessité de l'écarter ; mais je vais plus loin et je dis :

2° Que ce concours, comme tout concours étranger, serait nuisible à nos vrais intérêts. Cela est évident, et je ne m'appliquerai pas à le prouver. Il est clair que tout le temps que durerait la concession demandée, abstraction faite des dépenses considérables nécessaires pour l'exécution du nouveau projet et qu'il faudrait bien couvrir avant tout, le pays serait frustré des produits annuels de sa propriété, qui reviendrait à des étrangers en vertu du droit de concession ; l'intérêt privé serait ainsi substitué à l'intérêt général ; les droits des propriétaires seraient restreints plus encore qu'ils ne l'ont été par le règlement obtenu par surprise en 1833, qui, en étendant les attributions de MM. les Ingénieurs au-delà des limites prescrites par la nature même de leurs fonctions, a toujours provoqué des protestations énergiques de la part des hommes sincèrement dévoués aux intérêts du pays, protestations qui ont été renouvelées solennellement à l'époque de la première enquête, et qui ne cesseront de réclamer la réforme ou la révision de ce règlement, jusqu'à ce qu'enfin on daigne faire droit à nos justes réclamations.

Résumant les observations précédentes, je vote :

1° Pour l'organisation d'une commission syndicale, composée de plusieurs délégués des diverses communes concessionnaires, afin d'étudier et d'arrêter le projet le plus avantageux sous tous les rapports, et le plus propre à rendre la descente et l'écoulement du minerai plus facile.

2° Pour l'exclusion de toute coopération étrangère à l'effet d'exécuter le projet adopté par la commission syndicale, et par conséquent pour le rejet de la demande de concession faite par MM. Palotte père et fils et par M. Durozey.

Pamiers, le 24 avril 1865.

Signé : Victor Barbe, *supérieur du petit séminaire de Pamiers*.

13e Protestation.

CONSEIL MUNICIPAL D'ORUS.

Les soussignés, conseillers municipaux de la commune d'Orus (Ariége),

Considérant, que les mines de fer de Rancié sont la propriété exclusive des huit communes composant l'ancienne vallée de Vicdessos, et dont la nôtre fait partie ;

Considérant que, de tous les temps, jusqu'en 1804, nos pères jouissaient de ces mines d'une manière absolue ; qu'ils réglementaient eux-mêmes l'exploitation ; que chaque commune était représentée par deux notables pour former le conseil d'administration ;

Considérant, qu'après la Révolution et jusqu'en 1833, M. le préfet de l'Ariége, substitué aux anciens consuls de la vallée, était chargé de l'administration et de la police des mines de Rancié ; mais qu'il confiait ses pouvoirs à des délégués spéciaux, qui s'entendaient avec le maire et les conseils municipaux ;

Considérant, qu'en 1833, les ingénieurs des mines ont fait porter par M. le ministre des travaux publics, un règlement général des mines de Rancié, qui n'a pas été soumis à la discussion des conseils municipaux intéressés ;

Vu la demande de concession de MM. Palotte et Durozey, d'un plan incliné, conçu par l'administration de la mine, sans le concours des communes concessionnaires ;

Attendu que l'exécution de ce couloir, par ladite société, consacrerait un monopole, qui détruit la liberté du commerce, et serait aussi préjudiciable à l'industrie qu'à la vallée elle-même ;

Désirant que notre commune participe de nouveau à l'administration des affaires, et prenne sa part de bénéfices, s'il y en a.

Par ces motifs, les soussignés déclarent s'opposer formellement, comme propriétaires, à la demande de MM. Palotte et Durozey ; et sollicitent de Monsieur le Préfet, l'organisation d'une commission syndicale, aux termes de la loi du 18 juillet 1837, avec un Règlement plus analogue avec les circonstances nouvelles et qui soit en rapport avec les besoins du temps ;

Demandent que la présente délibération soit annexée au registre d'enquête ouvert à Vicdessos.

Orus, le 25 avril 1865.

Ont signé : Jean VERGNIÉS, Jacques LABIES, CHABAUD, DHERS, ROUSSE, LACOUME et RUFFIÉ, *conseillers municipaux*.

14me Protestation.

CONSEIL MUNICIPAL D'AUZAT.

Les membres du conseil municipal d'Auzat (Ariége), soussignés, déclarent faire opposition au plan incliné, et à la demande de concession de cette voie ferrée, par MM. Palotte et Durozey, demande qui n'a pas été soumise aux conseils municipaux des huit communes concessionnaires, dont la nôtre fait partie.

Protestent contre la première décision de la commission d'enquête de 1862, composée de six maîtres de forges, étrangers à la vallée, et qui ont déclaré d'utilité publique le projet des ingénieurs, malgré les énergiques protestations de nombreux concessionnaires, qui se rendirent à Foix ;

Protestent également, contre la décision qui sera prise, par la nouvelle commission de la deuxième enquête, parce qu'elle est composée d'étrangers à la vallée, et en tant seulement que cette décision serait contraire à nos droits et à nos priviléges ;

Considérant que les habitants de la vallée de Vicdessos sont concessionnaires des mines de Rancié, en vertu de titres anciens et authentiques, qu'ils n'ont jamais payé de droit de *leude* au comte de Foix, ni d'impôts à l'État, qu'ils en ont joui jusqu'à ce jour sans interruption, paisiblement et à titre de propriétaires incommutables ;

Considérant, qu'en 1833, les ingénieurs des mines ont fait porter, par M. le Ministre des travaux publics, un règlement général des mines de Rancié qui n'a pas été soumis à la discussion des conseils municipaux intéressés, et qui consacre à notre préjudice des empiètements qu'il importe de relever.

Considérant que si les communes intéressées participent à la gestion des mines, au lieu des ingénieurs qui les ont remplacées, elles pourraient prendre les mesures nécessaires pour assurer le succès de l'exploitation, procurer au minerai un écoulement durable, et favoriser les industriels qui voudraient s'établir dans le pays.

Attendu que l'article 70 de la loi du 18 juillet 1837 doit être appliqué à la propriété indivise des mines de Rancié; que les communes propriétaires de ces mines doivent participer à l'administration des affaires.

Par ces motifs, les soussignés se déclarent opposants à la demande de concession faite par MM. Palotte et Durozey, du plan incliné de Rancié à Vicdessos.

Demandent en outre :

1° La révision du Règlement du 31 mai 1833, incompatible avec les besoins réels du pays ;

2° L'organisation d'une commission syndicale pour gérer la propriété indivise des mines de Rancié ;

3° Enfin de nouvelles études de projets plus économiques et plus avantageux dans l'intérêt de l'industrie et de la vallée.

Auzat, le 30 avril 1865.

Les conseillers municipaux, signés :

DANDINE, BERTRAND, Jean DENJEAN, Bertrand DENJEAN, Jean-Baptiste BERTRAND, MAURY, Jean ROUSSE, DENJEAN, RUFFIÉ, RIVIÈRE, R. DENJEAN, SERRES.

15me Protestation.

CONSEIL MUNICIPAL D'ILLIER-LARAMADE.

Les soussignés, membres du conseil municipal de la commune d'Illier-Laramade, canton de Vicdessos (Ariége), déclarent protester de nouveau contre les plans inclinés, proposés par MM. les ingénieurs, pour arriver à une diminution du prix de transport du minerai, parce qu'ils n'ont pas été soumis aux conseils municipaux des huit communes concessionnaires, et qu'une commission de six maîtres de forges, tous étrangers à la vallée, les ont déclarés d'utilité publique en 1862, malgré les protestations énergiques de nombreux concessionnaires.

Considérant que les mines de fer de Rancié sont la propriété exclusive des huit communes composant l'ancienne vallée de Vicdessos, et dont la nôtre fait partie;

Considérant que les titres de la concession sont anciens et authentiques, que la loi du 21 avril 1810 nous déclare propriétaires incommutables, que l'ordonnance de 1833 ne fait qu'étendre ces priviléges;

Considérant que de tout temps nos pères jouissaient de ces mines en pleine liberté, et les régissaient au moyen d'un Conseil d'administration formé des délégués de chaque commune; que cette organisation opérait avec ordre et sagesse, et donnait les meilleurs résultats;

Vu la demande de concession de MM. Palotte et Durozey, d'un plan incliné proposé en dehors des communes concessionnaires;

Attendu que ce projet se présente avec des conditions de monopole, qui détruit la concurrence et anéantit notre propriété;

Les soussignés disent qu'il y a lieu de rejeter la demande de MM. Palotte et Durozey, demandent le syndicat avec un nouveau règlement sur les mines.

Veulent que la présente délibération soit annexée au registre d'enquête ouvert à Vicdessos.

Illier-Laramade, le 27 avril 1865.

Les Conseillers municipaux signés :

VIDAL, JOULÉ, VIDAL, ROUJAS, VIDAL, MARFAING (J.-B.) MOUTON.

16e Protestation.

Les Conseillers municipaux de Suc-Sentenac (Ariége), déclarent s'opposer à la demande de concession faite par MM. Palotte et Durozey, du plan incliné de Rancié à Vicdessos, parce que les Conseils municipaux des huit communes concessionnaires n'ont pas été consultés, et parce que ce projet est entaché de monopole, et qu'il est destructif de nos droits et de nos prérogatives.

Attendu que les habitants de la vallée ont joui sans interruption, et comme propriétaires des mines de fer de Rancié, et qu'ils demandent à les gérer par un Conseil issu du suffrage universel et conformément à la loi; qu'il est juste et raisonnable qu'ils participent à la gestion des mines, pour adopter des améliorations depuis longtemps réclamées par l'industrie, et jugées utiles par les concessionnaires ;

Vu la loi du 18 juillet 1837 ;

Les soussignés demandent l'organisation du syndicat, la révision du règlement de 1833, de nouvelles études de projets plus économiques, et déclarent s'opposer à la demande de MM. Palotte et Durozey.

Suc-Sentenac, le 30 avril 1865.

Les membres du Conseil municipal signés :

Delpy, Alpaich, Ponsole, Estèbe, Serres.

17e Protestation.

Vicdessos, le 30 avril 1865.

Les soussignés, *maires* ou adjoints des communes concessionnaires de la mine de Rancié, déclarent que la demande faite par MM. Palotte et Durozey est considérée par leurs administrés comme hostile aux intérêts de la concession de Rancié ;

Qu'ils partagent personnellement l'opinion commune qui repousse, *comme elle l'a fait jusqu'à ce jour*, toute création d'un monopole relatif à la vente du minerai de Rancié, but patent et conséquence inévitable de la demande faite par les deux industriels sus-nommés ;

Et que dès-lors il y a lieu de repousser, comme étant très inopportune, la demande, objet de l'enquête dont il s'agit.

Ont signé :

MM. Galy, docteur-médecin, maire d'Auzat ;
Augé (Antoine), maire de Goulier-Olbier ;
Ruffié, maire d'Orus.

Avec les trois sceaux de la commune.

18e Protestation.

Je, soussigné, déclare avoir été chargé par plusieurs concessionnaires des mines de Rancié, de transcrire sur le registre d'enquête ouvert à Vicdessos, la pièce suivante adressée à M. le Préfet, à cause de son changement subit et le départ précipité de M. de Jancigny, et de l'annexer audit registre.

Cette pièce est signée par les conseillers municipaux de la vallée et par plus de *trois cents* concessionnaires.

Vicdessos, le 30 avril 1865.

Signé : Victor Maury-Labies.

Les ouvriers mineurs et concessionnaires des mines de fer de Rancié à M. le Préfet de l'Ariége, à Foix.

Vicdessos, le 12 avril 1865.

Monsieur le Préfet,

La demande en concession de la voie ferrée, destinée à la descente du minerai de Rancié, par MM. Palotte et Durozey, pour une durée de vingt-cinq ans, a jeté une grande perturbation dans nos ateliers; il était impossible, en effet, de concevoir un projet plus funeste aux intérêts d'une population laborieuse et tranquille.

Depuis cinq ans, l'instigateur du couloir poursuit son dessein avec une tenacité rare ; il veut nous l'imposer par surprise et par des moyens inimaginables. Ni l'intrigue cependant, ni la menace, ni d'insidieuses promesses n'ont pu réussir à le faire accepter comme un bienfait parmi nous ; plus que jamais le pays oppose une résistance calme et raisonnée. Les esprits sages et prudents s'étonnent, à bon droit, d'une semblable opiniâtreté qui s'affiche au mépris formel des plus solennelles protestations.

Cette situation anormale nous paraît digne, M. le Préfet, de votre plus haute sollicitude : vous ne laisserez pas aliéner un bien qui repose sur les titres les plus authentiques et les mieux établis.

Non content de nous avoir jeté en dehors de nos propres intérêts, on veut encore épuiser notre belle mine et faire disparaître les derniers vestiges de notre concession. Les faits suivants prouveront que nos craintes sont légitimes et fondées.

Une première enquête d'utilité publique fut faite, à Foix, en 1862, et, quoique à une distance de plus de 30 kilomètres, les cahiers de cette enquête furent couverts de nombreuses signatures, longuement motivées contre le projet. C'était le vœu unanime des habitants concessionnaires; aucune signature en faveur n'y figurait.

La commission directement intéressée ne prit pas connaissance de nos protestations ; mais elle vit une longue liste favorable au projet, déposée par M. l'ingénieur des mines, qui avait été recrutée à domicile parmi les employés de la mine et en dehors de ladite vallée. M. le maire de Vicdessos, seul représentant des concessionnaires, ne pouvant se rendre à Foix, envoya son adhésion, et approuva à l'avance tout ce que feraient ses confrères. Des pièces du procès il n'en prit pas connaissance. Le reste de la commission adopta le chemin de fer et les plans inclinés.

La commission de la nouvelle enquête est encore prise en dehors de la vallée concessionnaire, sauf le susdit maire de Vicdessos. Cela n'est pas juste, et nous protestons d'hores et déjà contre toute décision qui serait contraire à nos droits, parce que nous n'y sommes pas suffisamment représentés; que d'ailleurs cette commission est juge et partie dans la cause, et que ses intérêts sont diamétralement opposés aux nôtres.

MM. Palotte et Durozey sont des spéculateurs étrangers, qui rechercheront plutôt leurs intérêts que ceux du pays; et, loin d'offrir aux concessionnaires une légitime compensation, ils demandent que les livraisons leur soient faites préalablement à tous autres acheteurs. Ces avides spéculateurs ne veulent pas seulement du minerai pour leurs usines, mais ils veulent en exporter au loin et autant qu'ils le pourront. L'ouvrier les occupera peu, la conservation des mines les touchera faiblement; l'essentiel pour eux sera de s'enrichir. Que restera-t-il après vingt-cinq ans de concession ? Un vide immense à Rancié, l'affaissement et la ruine de tout un pays! Ceci n'est pas de l'exagération : depuis vingt ans déjà cette question préoccupe tous les esprits.

Cette préférence donnée aux étrangers sur les propriétaires n'est pas juste, et nous protestons contre ce vaste monopole privilégié qui consacrerait notre dépossession. Libre aux MM. Palotte et Durozey de nous méconnaître, comme dans leur pétition du 10 novembre dernier, où nous avons lu ces étranges paroles : « Dans » l'intérêt de communes qui, depuis des siècles, *se considèrent comme* » *propriétaires* des mines de Rancié. » C'est la première fois qu'un pareil langage est tenu; il nous blesse profondément. Notre droit existe néanmoins, et il résistera aux coups qu'on veut lui porter.

M. le ministre lui-même, dans sa lettre du 22 mars, ne dit pas un mot des communes concessionnaires, mais il annonce que la nouvelle société mettra le chemin de fer, aussitôt son achèvement, à la libre et entière disposition de l'administration de la mine, si elle entend se charger elle-même de la traction, c'est-à-dire, que MM. les ingénieurs n'ayant pu le faire adopter par le pays, espèrent l'obtenir par la faveur et le faire exécuter pour leur compte par une société étrangère.

Nous rejetons ce couloir, parce qu'il n'est pas librement consenti et délibéré par les communes et qu'il tourne exclusivement au profit de spéculateurs étrangers. Nous nous ferons toujours un devoir de ne jamais contrarier les utiles réformes proposées dans l'intérêt général du pays. La preuve, c'est que nous avions accepté de grand cœur M. Jackson en 1860, puisque nous lui avons vendu les terrains à l'amiable. Pourquoi MM. les ingénieurs n'en ont-ils pas voulu? Parce qu'ils ont supposé qu'il traiterait plutôt avec les propriétaires qu'avec l'administration. Et cependant il y avait un avantage immense pour le pays ; M. Jackson voulait construire des hauts fourneaux dans la vallée, et demandait un simple couloir pour ses usines, sans monopole aucun; toute autre société aurait pu faire un autre couloir en concurrence. Voilà ce qui était sans danger pour les communes et profitable pour le pays. Mais les maires et les conseillers municipaux n'eurent pas assez d'initiative et d'autorité pour résister aux sollicitations pressantes de MM. les ingénieurs qui avaient intérêt à faire échouer le projet. Comment, d'ailleurs, formuler un vœu unanime, au nom de toute une communauté, sans réunion préalable des parties intéressées?

Depuis quatre ans, nos municipalités sollicitent l'organisation d'une commission syndicale qui aurait mission d'examiner des projets bien plus économiques que celui que l'on propose. Le syndicat, organisé d'après la loi du 18 juillet 1857, serait un bienfait pour les concessionnaires, et offrirait des garanties sérieuses à l'industrie; il serait un gage de paix et de sympathie entre la vallée et l'administration. Son intérêt personnel le pousserait au progrès; il adopterait des projets avec une dépense de 80 à 100 mille francs au plus.

Le tarif de MM. Palotte et Durozey n'aurait plus pour lui que les deux premiers éléments, savoir : satisfaire 1° à l'annuité d'amortissement; 2° à l'intérêt et aux bénéfices du capital.

Quant aux frais d'entretien, généraux et de traction, il pourrait les couvrir avec un nombre déterminé de voltes et un jour de travail volontaire par semaine. Inutile de s'appesantir sur la différence énorme du prix de revient de chaque système, ce qui est une preuve évidente que les concessionnaires seuls peuvent apporter d'utiles et sérieuses réformes, mais à la condition de les faire rentrer dans l'administration de leurs affaires.

Pourquoi n'en fait-on pas l'expérience? Parce que MM. les ingénieurs redoutent le syndicat comme un trop grand avantage pour nous, qu'ils n'y sont pas intéressés au même titre, et qu'ils préfèrent empiéter de nouveau plutôt que restituer ce qu'ils ont déjà pris.

Puisqu'on élève des doutes sur nos droits et qu'on n'en tient aucun compte, veuillez nous permettre, M. le Préfet, de vous donner un extrait de nos principaux titres.

Roger (Bernard), comte de Foix, nous accorde, en mars 1272, les franchises que Raymond Roger et ses autres prédécesseurs nous avaient octroyées, promet de bonne foi de nous en faire jouir à perpétuité, renonce à tout droit canonique et au bénéfice de la *minorité*, et déclare avoir reçu des consuls la somme de ***treize cents écus toulousains***, au moyen desquels il se tient dûment payé et satisfait.

Gaston, comte de Foix, les ratifie en ces termes :

« Nous confirmons toutes les concessions autrefois faites à bon
» droit aux habitants de la vallée Dessos, à tous et à chacun de
» la dite vallée, de notre comté de Foix, par magnifique Roger
» (Bernard), notre aïeul.

» Que les habitants de la dite vallée et leurs successeurs à per-
» pétuité, pourvu toutefois qu'ils habitent dans la dite vallée, ont
» et ont eu le droit d'exploiter les mines de fer qui se trouvent
» dans le rayon dont les bornes ont été indiquées plus haut, de
» les mettre en œuvre suivant leur volonté, toujours cependant

» dans le dit rayon, sans aucune redevance *de leude ou de péage,*
» *de forestage, de récompense ou tout autre impôt,* quel qu'il soit,
» et sous quelque prétexte que ce soit, et de vendre le minerai
» dans la vallée et non hors de la dite vallée, leur étant défendu de
» vendre *librement à des étrangers,* le dit minerai, s'il n'est mis en
» œuvre dans la dite vallée; s'il était contrevenu à cette dis-
» position, qu'ils nous paient les droits que les étrangers à la dite
» vallée nous en payent et sont tenus de nous en payer. »

Cette partie de la charte est très-claire et très-précise :

Le comte de Foix déclare que les habitants peuvent extraire la pierre ferrue, la mettre en œuvre suivant leur volonté, dans les limites de la vallée, sans aucun droit de leude, de péage, etc., et de cette pierre faire de la marchandise dans les dites limites et non dehors, mais qu'ils ne peuvent la vendre aux étrangers non travaillée soit dans la vallée soit dehors, sans être tenus de lui payer ce que paient les autres existant hors de la vallée, c'est-à-dire que, de même que le propriétaire de Château-Verdun et des mines qui y étaient, ne payait pas au comte de Foix de droit de leude ou autre pour le minerai extrait de ces mines et employé dans ses forges, mais qu'il payait ces droits pour le minerai destiné à d'autres forges que les siennes; de même, les habitants de la vallée de Vicdessos, reconnus propriétaires des mines ou en jouissant exclusivement ne devaient payer aucun droit dans tout l'intérieur de la vallée, pour le minerai employé dans les forges de la vallée et pour le fer, mais que s'ils vendaient la mine, soit dans les limites de la vallée, soit dehors, au pas de Sabart, à un étranger, alors ils étaient tenus de payer ce que payaient les autres propriétaires de mines.

Ceci prouve évidemment que toute la vallée était considérée comme un propriétaire, et est d'ailleurs conforme à la justice, puisqu'ils étaient traités à l'égal d'un propriétaire.

La charte de Gaston, dit encore :

« Donnons, accordons et ordonnons aux consuls et à toute la
» généralité, à tous et à chacun des habitants de la dite vallée, et à

» vous notaire soussigné, stipulant au nom des dits habitants, » comme dessus, pour confins, limites, appartenances et juridic- » tions de la dite vallée, etc. Voulant que les consuls, de concert » et solidairement avec notre bailli, exercent les pouvoirs dans » la dite vallée, etc.

» Accordons aux mêmes, tous les usages, libertés anciennes et » nouvelles dont eux et leurs prédécesseurs aient pu jouir, les » ratifiant et approuvant de nouveau, voulant et promettant qu'elles » aient à jamais force et vigueur ; les déclarant irrévocables ; » renonçant expressément à toute *exception* et tout *privilége* » établi et accordé à qui que ce soit ou *qu'on pourrait accorder*, » et enfin à tout droit canonique et civil, et sous prétexte que » nous aurions fait à tous et à chacun de trop grands avantages, » que la donation ou concession par nous faite aux dits habitants » ne puisse jamais être *affaiblie ou enfreinte* en tout ou en partie » et en aucune manière. »

Nous trouvons également dans l'arrêt du Conseil d'Etat du 16 octobre 1751, la nomenclature de nos titres, portant confirmation de toutes nos franchises.

« Autres lettres patentes du dit comte de Foix, des années » 1304, 1352 et 1356, par lesquelles les dits priviléges ont été » renouvelés.

» Transaction passée le 17 janvier 1355, entre Raymond d'Albi, » sénéchal du comté de Foix, assisté de ses officiers d'une part, » et les consuls et habitants de la dite vallée d'autre part, par » laquelle, sur la prétention formée par les dits habitants, que » suivant les priviléges qui leur avaient été accordés par les comtes » de Foix, ils avaient droit d'empêcher que la mine provenant du » minier de Sem, ne fût transportée hors de l'étendue de la dite » vallée, il fut arrêté, du consentement des dits habitants, que les » matières de mine pourraient à l'avenir être voiturées au-delà du » pas de Sabart et partout ailleurs dans le comté de Foix, à con- » dition, entr'autres choses :

» 1° Que le comte de Foix ni ses successeurs ne pourraient

» donner de permission *aux étrangers*, ni même à aucune per-
» sonne de sa maison pour venir prendre la mine au dit minier de
» Sem, ni d'exploiter aucun de ceux qui se trouveraient dans
» l'étendue de la vallée.

» 2° Que la mine serait exposée en vente au bourg de Viedessos,
» dans un lieu appelé communément le Pré, et qu'elle ne pourrait
» être vendue ailleurs;

» 3° Qu'il serait libre aux habitants de la dite vallée de voiturer
» la mine à Sabart et ailleurs, en payant six deniers par charge
» de trois quintaux pour tous droits, et qu'au surplus ils seraient
» exempts de tous droits de leude et péage, et confirmés dans tous
» les priviléges qui leur avaient été précédemment accordés.

» Lettres d'Arnaud de Caderauze, sénéchal du comté de Foix,
» du 14 août 1403

» Réglement fait le 7 août 1414, par Raymond de Mauléon,
» sénéchal du comté de Foix, sur la réquisition du procureur
» général du dit comté, par lequel, pour pourvoir aux abus qui se
» commettent par les minerons, et assurer en même temps la
» perception des droits de leude établis au profit des comtes de
» Foix, il fut entr'autres choses ordonné :

» 1° Que par les baillis et consuls de la vallée de Viedessos, il
» serait nommé quatre prud'hommes ou préposés, qui prêteraient
» serment entre leurs mains, pour veiller à l'exploitation et à la
» police des miniers, faire la vérification de la mine avant qu'elle
» fût vendue, et pour tenir exactement la main à l'exécution de
» ce même réglement et rendre compte aux consuls des con-
» traventions;

» 2° Que les habitants de la vallée qui voudraient acheter de la
» mine, auraient la préférence au minier, pourvu néanmoins
» qu'ils ne fissent point de *monopole*, ni de sociétés entr'eux, et
» que cette préférence ne portât point préjudice aux autres.

» Ordonnance du sénéchal du comté de Foix, rendue le 14
» juillet 1437, par laquelle, conformément à celle de 1403, il a
» été fait défense de voiturer la mine par un autre chemin que

» celui de Vicdessos, nommément par celui de Cavalière, sous la
» même peine de dix livres d'amende.

» Lettre de Gaston, comte de Foix, du 12 octobre 1437, por-
» tant confirmation desdites ordonnances.

» Lettres patentes données par Henri IV, Louis XIII et
» Louis XIV, en 1610, 1611 et 1659, par lesquelles les habitants
» de la dite vallée ont été maintenus et confirmés dans leurs privi-
» léges et exemptions qui leur avaient été accordés par les comtes
» de Foix, etc., etc. »

L'ordonnance du 31 mai 1833, qui constitue notre situation actuelle, porte dans ses considérants :

« Que les titres présentés par les Maires des huit communes
» composant la vallée de Vicdessos, constatent une jouissance
» *exclusive* et non interrompue depuis plusieurs siècles, en faveur
» des *habitants* des dites communes;

» Que les lois des 24 juillet 1791 et 21 avril 1810, n'ont
» apporté *aucun changement à cette jouissance*, et qu'il en est
» résulté *seulement* pour ces communes l'obligation de faire régler
» les limites de leur concession;

» Considérant, néanmoins, que des règlements spéciaux sont
» nécessaires pour déterminer les modes d'exploitation convena-
» bles à la jouissance indivise des habitants, pour l'avantage
» réciproque des mineurs et des maîtres de forges, et conformé-
» ment aux anciens usages et règlements;

» Notre conseil d'Etat entendu,

» Nous avons ordonné et ordonnons ce qui suit;

» Art. 1er. Les communes de Vicdessos, Sem, Goulier-Olbier,
» Auzat, Saleix, Orus, Suc-Sentenac, Illier-Laramade (Ariége),
» sont déclarées concessionnaires des mines de fer de Rancié.

» Art. 5. Lexploitation de ces mines *continuera* d'avoir lieu
» *suivant les usages locaux*, conformément au règlement général,
» en date de ce jour, arrêté par notre Ministre du Commerce et
» des Travaux publics, etc. »

D'après ces documents, la propriété des habitants de la vallée de Vicdessos est pleinement établie; l'exploitation de ces mines a été toujours soumise à l'autorité supérieure, sous la surveillance des jurats et de MM. les Maires et consuls de Vicdessos. Mais combien d'usages, combien de libertés ont déjà disparu depuis la charte de 1272: l'arbitraire remplace le droit et la justice; il est facile de s'en convaincre, et c'est ce qui justifie nos alarmes et nos protestations.

La source principale de ces abus se trouve dans le règlement qui accompagne l'ordonnance de 1833, et qui est devenu incompatible avec nos droits, dès qu'il a été sérieusement appliqué ; il est susceptible de révision, parce qu'il s'éloigne de l'esprit de notre concession. Ce qui le prouve, c'est qu'on a mis 20 ans à le promulguer, qu'il a été surpris au pays, et qu'il met l'Ingénieur à la place du concessionnaire.

C'est à l'aide de ce règlement que MM. les Ingénieurs ont fait disparaître successivement tous ces usages locaux dont parle l'ordonnance ; qu'ils empiètent tous les jours sur les affaires du pays et veulent le dépouiller totalement.

Monopoliser la vente, c'est porter atteinte à nos droits ; établir une voie ferrée, au profit d'une société étrangère, et la mettre entre les mains de l'administration de la mine, c'est anéantir sans retour toutes nos institutions et franchises.

Pour confirmer notre thèse et donner une preuve non moins décisive du danger de la concession demandée, il ne sera pas inutile de remarquer que, sous le premier Empire, Napoléon Ier, sur les délibérations des conseils municipaux de Vicdessos, de Sem, de Goulier-Olbier, ainsi que sur les protestations et pétitions des maîtres de forges de la Vallée, refusa une pareille concession sollicitée par M. Tournier aîné qui se présentait, ce semble, avec plus de droit que MM. Palotte et Durozey, en qualité d'habitant de Vicdessos et de concessionnaire des mines.

MM. Palotte et Durozey chercheraient vainement à justifier leurs prétentions, en les appuyant sur la délibération spéciale du conseil municipal de Vicdessos, qu'ils rappellent dans leur lettre à M. le Ministre de l'agriculture, et qui accorde une subvention de 6,000 fr. Cette subvention, ils la considèrent bien gratuitement, comme *un grand secours non seulement par elle-même, mais surtout par son effet moral.* Ces Messieurs ignoreraient-ils que le conseil municipal de Vicdessos n'avait pas qualité pour délibérer dans cette grave question, sans le concours des plus hauts imposés ; que cette délibération ne fut prise qu'en vue d'un bénéfice qu'on promettait alors et qu'on n'offre plus aujourd'hui ; que parmi les membres qui d'abord votèrent dans le sens de la délibération susdite, quatre, mieux informés dans la suite et regrettant d'avoir agi avec u trop de précipitation, ont protesté contre la demande de concession ; et enfin, que plusieurs actionnaires de la Vallée, reconnaissant l'inopportunité et le danger de la demande Palotte et Durozey, ont retiré leurs engagements ? Comment donc cette Société pourrait-elle fonder ses espérances sur un secours si précaire et déjà si compromis ?

Vous ne permettrez donc pas, Monsieur le Préfet, cette injuste et trop inique spoliation, qui jetterait entre le pays et les Ingénieurs des ferments de lutte et de discorde ; mais plutôt, vous ferez un appel franc et loyal aux habitants de la vallée de Vicdesssos, pour connaître ses véritables aspirations ; vous les défendrez en bon père de famille et leur accorderez :

1° L'organisation immédiate du syndicat, sollicitée par le conseil municipal de Sem, dans les sessions ordinaires de février 1863 et 1864, celles de novembre 1864 et de février 1865 ; et par le conseil municipal de Goulier-Olbier, dans les sessions de février 1862, 1863 et 1864, et celle de novembre de la même année ;

2° L'examen approfondi d'un projet de route carrossable, ou d'un couloir plus économique, confié au syndicat, proposé avec le concours et au profit des communes concessionnaires ; l'adoption de toute réforme utile, soit au point de vue de l'intérêt général de l'industrie, soit au point de vue de l'intérêt de la Vallée ;

3° L'autorisation de poursuivre en conseil d'Etat, toute personne étrangère qui se permettrait de porter la moindre atteinte à leurs droits, sans y avoir été préalablement autorisée par les concessionnaires. Les conseils municipaux ont déjà voté des fonds à cette intention, et une liste recueille en ce moment les cotisations volontaires des habitants de la vallée ;

4° L'annexion au registre d'enquête administrative (qui restera ouvert à Foix jusqu'au 20 avril) de cette protestation, pour être communiquée, avec les autres pièces, à M. le Ministre de l'agriculture, du commerce et des travaux publics ; protestation qui est un refus péremptoire à la demande en concession, faite par MM. Palotte et Durozey, de la voie ferrée destinée à la descente du minerai de Rancié.

Dans cet espoir, nous avons l'honneur d'être, etc.

Vicdessos, le 12 avril 1865.

Pour copie conforme à la pièce annexée, qui a été signée de plus de 300 *mineurs* concessionnaires et des Conseillers municipaux de la vallée. *Signé* : Victor MAURY.

Vicdessos, le 30 avril 1865.

19e Protestation.

Nous, soussignés, habitants de la vallée de Vicdessos, supplions les membres de la commission d'enquête de bien apprécier nos observations, soit au point de vue de l'intérêt de quatre cents mineurs, et des communes concessionnaires, soit au point de vue de l'intérêt général de l'industrie.

Nous déclarons vouloir en principe tous projets, toute amélioration compatible avec nos intérêts et nos droits de propriétaires, et nous repousserons toujours les projets élaborés à notre insu et que l'on veut faire exécuter malgré nous, sans notre concours et contre notre consentement.

Et attendu que dans la première enquête de 1862, tous les mineurs se rendirent à Foix, non-seulement pour protester contre les plans inclinés, mais surtout pour désavouer une première signature en faveur du projet, qui avait été arrachée à domicile par des employés à quelques-uns de nous, qui ne s'étaient pas bien rendu compte de toute la portée du projet;

Attendu que le peuple mineur ne peut se faire à l'idée de voir changer le mode d'exploitation, et augmenter le nombre de ses voltes par jour, pour en diminuer le prix; qu'il redoute avec raison d'être mis à la solde et d'être renvoyé arbitrairement comme un simple ouvrier à la journée; que cette conséquence ressort des conditions de la demande de MM. Palotte et Durozey;

Attendu que nous ne pouvons espérer de voir renaître la prospérité de nos mines, que lorsque les véritables intéressés participeront de nouveau à l'administration des affaires; que c'est une condition de bon ordre et pour le bien général de la Vallée et de l'industrie;

Nous protestons contre les paroles de M. le Maire de Saleix, qu'il a prononcées dimanche dernier en présence de son conseil municipal : « Il y a une enquête à Vicdessos sur les plans inclinés;

» tous ceux qui voteront contre le projet seront considérés des » ennemis du gouvernement et n'obtiendront aucune faveur de » M. le Préfet. »

Nous concluons à la nomination du syndicat d'après la loi du 18 juillet 1857 et le rejet formel de la demande de concession de MM. Palotte et Durozey,

Vicdessos, le 30 avril 1865.

(Signée par 31 concessionnaires).

20e Protestation.

Je soussigné, Eugène Maury, prêtre, curé de Crampagna, en ma qualité de concessionnaire des mines de Rancié, ayant pris connaissance de la demande formée par les sieurs Palotte et Durozey, à l'effet de se faire autoriser à établir un couloir ou plan incliné pour transporter à Vicdessos le minerai des dites mines;

Proteste de toutes mes forces:

1° Contre l'enquête ouverte à ce sujet.

Je la regarde comme une atteinte directe à la propriété.—Rancié est le bien propre de huit communes concessionnaires du canton de Vicdessos, leur bien de temps immémorial. Elles peuvent produire des titres nombreux et authentiques, constatant qu'elles ont payé en espèces la propriété des mines aux comtes de Foix. La concession faite en leur faveur en 1833, bien qu'elle soit un titre irréfragable, n'a été qu'un acte de justice, régularisant la position des propriétaires, vis-à-vis des dernières lois sur les mines.

Et ce qui m'a profondément surpris, c'est le doute que les sieurs Palotte et Durozey semblent émettre, dans une lettre à M. le Ministre des Travaux publics, sur la réalité de cette propriété. Ils parlent, en effet, à ce sujet, « d'*anciens errements.* » Si quelqu'un avait le droit de contester notre propriété, je ne pense pas que ce soient deux étrangers implantés depuis un an dans le pays, ainsi qu'ils l'avouent eux-mêmes. Ils font preuve, du moins, qu'ils ignorent et notre histoire et nos titres, ainsi que les vrais intérêts de nos populations.

Notre droit sur Rancié étant évident, nous, concessionnaires, pouvons régir notre bien comme nous l'entendons, et personne, tant que nous nous conformerons aux prescriptions de la loi et des règlements sur la matière, n'a le droit de se mêler de notre exploitation ; donc, demander l'abolition du mode de transport, et de la libre vente des produits de nos mines, vouloir s'attribuer le monopole de ces produits, et ouvrir, sur tout cela, une enquête, c'est méconnaître les droits de la propriété.

2° Contre la formation de la commission d'enquête, s'il est vrai que quelques membres qui en font partie, sont intéressés ou associés dans l'industrie des sieurs Palotte et Durozey, et que le canton de Vicdessos n'y ait aucun représentant.

3° Contre les conditions annexées au projet.

On demande, pendant 25 ans, une livraison annuelle de 15 à 20 mille tonnes de minerai, avant qu'aucun acheteur puisse en prendre un kilog. Les sieurs Palotte et Durozey qui ont dû prendre des renseignements certains, portent à 8,000 tonnes l'extraction actuelle. Mais puisqu'on promet un âge d'or aux maîtres de forges, si l'on ne veut pas les exclure des bénéfices qui résulteraient de l'établissement du couloir, et si peu qu'on veuille leur fournir, je prévois qu'il faudra monter à 30,000 tonnes l'extraction annuelle. Je ne parle pas de l'exportation. Mais on la vendra infailliblement pour bénéficier du produit du couloir à 1f 75 la tonne. Avec cette extraction immodérée, où arrivera-t-on ? Pendant 25 ans, les concessionnaires du couloir réaliseront de beaux bénéfices. Et les mines ? Elles seraient épuisées : l'huître aurait été avalée, et les écailles, la montagne toute vide, resteraient aux communes. Le vrai propriétaire ménage son bien pour l'avenir ; les concessionnaires se hâteraient d'en tirer le plus possible, au risque d'aboutir à un épuisement complet.

Les mines, avec les dépaissances des montagnes, sont l'unique ressource du canton de Vicdessos. Toute question qui y touche, est une question de vie ou de mort. L'émotion profonde et pénible que le projet des sieurs Palotte et Durozey a causée dans toute la population, est de nature à faire comprendre que Rancié est un bien qu'il faut savoir respecter ; s'il appartient à des communes, il n'en est que plus sacré.

Mais ici se présente une grave difficulté. Un article de l'ordonnance de concession porte : « Tant que les usines qui se sont approvisionnées jusqu'à présent, en minerai de fer, dans la concession de Rancié, seront en activité, les concessionnaires ne pourront livrer du minerai au commerce *avant d'avoir fourni à ces usines.* » La demande du privilége de 20,000 tonnes est donc en opposition directe avec cette clause ; elle est destructive des droits établis et réservés en faveur des propriétaires des usines.

En outre, il existe des traités entre des mineurs et des acheteurs (magasiniers ou maîtres de forges), par lesquels les premiers se sont engagés à vendre telles quantités de minerai, et les derniers à l'acheter après avoir fourni d'avance certaines sommes. De quel droit viendrait-on annuler ces traités, sans souci du préjudice porté ?

Enfin, la demande de 20,000 tonnes me paraît excessive.

Une première fois, les dépenses du couloir sont portées à 150,000 fr., et une seconde fois à 220,000 fr. Pour cette somme que demande-t-on ? quel bénéfice résulterait-il pour les sieurs Palotte et Durozey ?

1° Ils prétendent que, par l'établissement du couloir, le prix du minerai sera abaissé d'au moins 2 fr. par tonne, soit pour 20,000 tonnes.	40,000 fr.
2° L'extraction annuelle se portera certainement à 50,000 tonnes, quand même il n'y aurait pas d'exportation hors du département ; pour le transport par le couloir, on demande 1 fr. 75 c. la tonne, soit environ.	50,000
Total.	90,000 fr.

En vingt-cinq ans, un prélèvement minimum de 2,250,000 fr., ce serait un joli bénéfice.

Du reste, si je comprends les plaintes des maîtres de forges, je ne crois pas justes celles des propriétaires des hauts-fourneaux. La méthode à la catalane doit céder la place à la nouvelle fabrication, pour arriver à des bénéfices suffisants. Voici, à peu près, ceux que donnent les hauts-fourneaux :

Dépenses pour produire 1,000 kilogrammes de fonte :

2,000 kilog. de minerai, rendant 50 p. 0/0 minimum, à 16 francs la tonne, prix actuel.	32 fr.	»
1,000 kilog. de charbon de bois.	70	»
400 kilog. castine et autres fondants.	2	»
Main-d'œuvre, pour 1,000 kilog. de fonte. . .	5	»
Intérêt à 1 p. 0/0 sur un capital de 500,000 fr.	6	95
Frais généraux, dépréciation, etc.	5	05
Total.	119 fr.	00

Les 1,000 kilog. reviennent à 11 fr. 90 c.; ils se vendent 18 fr., 20 fr. et 21 fr.; ces chiffres peuvent ne pas être de la dernière exactitude, mais ils ne s'éloignent pas beaucoup de la vérité.

En résumé, je ne vois qu'une grande spéculation dans la demande en concession du couloir. Je me garde bien de la condamner; chacun reste libre de ses entreprises commerciales. Seulement, en l'examinant, comme c'est mon droit, je la trouve excessive dans les bénéfices qu'elle réserve aux concessionnaires, et destructive de nos droits de propriétaires.

Je demande avec instance :

1° Qu'on autorise enfin les huit communes, ainsi qu'elles l'ont depuis si longtemps demandé par l'organe de leurs conseils municipaux, à nommer un syndicat pour discuter et surveiller les intérêts de leur concession. Lorsqu'un bien est indivis, le syndicat est un droit; on ne peut le refuser.

2° Qu'on autorise aussi ces communes à établir un chemin

charretier; on veut arriver à un rabais sur le prix du minerai; cette voie charretière mène à ce but. Il restreint le muletage, en en conservant une partie suffisante aux petits intérêts de l'agriculture et des autres services des montagnes.

Ce chemin peut être construit: 1° par les 400 mineurs, en échange des journées de corvée qu'on leur impose dans les mines; 2° par des journées de prestation fournies par tout le canton; 3° sur les revenus de la *barrière* ou de l'octroi du minerai, dont les fonds devraient passer à l'administration du syndicat. Si un petit emprunt était nécessaire, les intérêts et l'amortissement seraient établis sur cet octroi, doublé s'il le faut, jusqu'à parfait acquittement.

Fait à Crampagna, le 23 avril 1865.

Signé : Eugène Maury, *prêtre.*

LETTRE

Des membres des conseils municipaux des communes de Sem et Goulier-Olbier, concessionnaires des mines de Rancié (1),

A M. Espy (Dominique), maître de forges, président de la commission d'enquête sur les plans inclinés.

Monsieur,

Un arrêté de M. le Préfet vous a désigné pour faire partie de la commission chargée d'examiner les résultats de l'enquête ouverte à Foix et à Vicdessos, concernant la concession d'un projet de *plans inclinés* destinés à descendre le minerai de Rancié à la route départementale. Le mandat qui vous est confié a une grande importance, car vous allez donner votre avis, et, pour ainsi dire, décider une question capitale pour la vallée de Vicdessos.

Permettez-nous quelques observations afin de mieux retenir votre attention sur l'enquête dont vous prendrez connaissance le 21 du courant. Ce jour-là, vous serez en présence de l'Ingénieur

(1) Cette lettre fut adressée à chacun des membres de la commission pour analyser les observations inscrites dans l'enquête.

des mines, auteur du projet en question, il prendra la parole pour vous démontrer la nécessité et les avantages de son couloir, il vous parlera comme une personne très-intéressée à la réussite de ses plans qui lui ont donné beaucoup de tracas ; aucun concessionnaire, aucun habitant de notre vallée ne pourra contredire le *défenseur de M. Palotte*, et discuter avec lui sur les graves inconvénients du projet. Vous seuls, MM. les commissaires, serez les représentants de nos intérêts, en même temps que nos juges.

C'est pourquoi, nous vous prions, dans l'intérêt de la vérité et de la justice, de ne donner votre avis qu'après avoir sérieusement parcouru les registres de l'enquête. Vous trouverez dans les diverses observations qui y sont consignées, une appréciation complète du projet des plans inclinés ; vous apprendrez sur quelles bases peu légales est fondée son origine, sur quelles garanties peu sérieuses repose son avenir. Vous serez frappé par plus de 400 protestations dont la plupart sont écrites sur le registre ; quelques-unes vous seront communiquées par M. le Préfet à qui elles ont été adressées par ceux qui n'ont pas pu se déplacer.

Vous n'oublierez point que plus de 500 mineurs ont quitté tout-à-coup, et à diverses reprises, leurs chantiers et la journée de leur travail, dont le produit fait leur seule ressource, et se sont transportés à Foix (longue distance) pour exprimer par leur présence et par leur signature le peu de sympathie et de confiance que le projet de couloir leur inspire.

Nous espérons, Monsieur, que votre conscience pèsera la portée de cette émotion qui a spontanément saisi le peuple mineur de Rancié pour le pousser en masse à de vives protestations ; vous apprécierez le caractère de ces démarches, fort graves sous tous les rapports, produites par une population ouvrière très-intéressante. Jamais nos montagnes n'avaient retenti de plaintes aussi graves et aussi unanimes ! Jamais l'esprit et le cœur des mineurs n'avaient été aussi troublés par des craintes aussi funestes ! Jamais enfin, leur solidarité n'avait été aussi complète pour une résistance aussi opiniâtre !

Vous remarquerez encore les titres et la qualité des signataires de ces nombreuses protestations ; vous lirez à chaque pas les noms de tous les conseillers municipaux des communes concessionnaires qui sont unanimes pour repousser un projet élaboré à leur insu et qu'on veut faire exécuter contre leur volonté ; vous rencontrerez ensuite les noms de tous les ouvriers mineurs, que le désespoir d'un avenir malheureux peut pousser aux plus cruelles extrémités ; ces pères de famille qui voient la tranquillité de leurs enfants menacée et compromise.

Enfin, Monsieur, vous fixerez votre scrupuleuse attention sur les observations signées par des hommes qui font profession de justice et de vérité, qui, par dévouement pour le pays et par une connaissance réfléchie de ses droits et de ses intérêts, sont sortis du calme de leurs habitudes pour permettre à leur intelligence et à leur savoir, de manifester leurs appréciations sur les plans inclinés.

De l'ensemble de ces remarques vous concluerez, Monsieur, dans votre sagesse, que l'opposition n'est aussi forte, aussi unanime que parce que le projet est essentiellement mauvais. A ce sujet, veuillez vous rappeler qu'une première enquête fut ouverte à Foix en décembre 1862. Alors comme aujourd'hui, les protestations furent vives et les réclamations si nombreuses, qu'un long cahier fut insuffisant pour les recevoir. Alors comme aujourd'hui, les populations de nos montagnes s'émurent : c'était l'administration des mines qui voulait exécuter le couloir par elle-même. On déclara formellement qu'on ne voulait pas des plans inclinés faits par l'*administration des mines*, représentée par les ingénieurs, parce que ces ingénieurs sont des étrangers dont les idées et le caractère sont en contradiction avec les mœurs, le caractère et les habitudes des gens du pays, parce qu'enfin les mineurs veulent rester libres, à l'abri de tout monopole, à l'abri de toute influence étrangère, dont le joug n'est déjà que trop lourd !

Aujourd'hui les opposants disent : Nous ne voulons pas de la *Société Palotte* pour monopoliser le transport du minerai :

1° Parce que cette Société a des intérêts opposés aux nôtres, qu'elle voudra faire une fortune rapide à nos dépens, anéantir les autres industriels du département, rendre la concurrence impossible, et se livrer ensuite à une fabrication peut-être hasardée, qui n'aura d'autres mérites que la réputation loyale depuis longtemps acquise à nos fers par les maîtres de forges ariégeois.

2° Parce que la demande en concession de M. Palotte est une destruction des libertés nécessaires au commerce, et un empiétement sur les droits des propriétaires de la mine. — Si M. Palotte a seul le droit d'acheter directement le minerai aux chantiers, le mineur n'aura plus le choix de l'acheteur, il sera payé à la journée, il ne vendra plus sa marchandise, puisqu'il ne pourra plus en disposer à son gré, ni traiter directement avec d'autres industriels, ni bénéficier lui-même du transport, etc., etc. En un mot, le mineur n'est plus propriétaire, c'est M. Palotte ; il n'aura plus aucun des avantages de la concession, puisqu'il devra acheter lui-même le minerai s'il veut s'en servir ; il ne sera ni libre, ni maître..... Cette situation serait affreuse, et les procès feraient bientôt raison de ce tyrannique empiètement.

3° La demande de M. Palotte est encore plus dangereuse pour les *maîtres de forges*. M. Palotte veut accaparer tout le minerai extrait de Rancié, se faire préférer à tout autre acheteur et se faire assurer d'hores et déjà cette préférence. Son but est donc bien clair : tuer la concurrence et anéantir les autres industriels. Lorsqu'il aura obtenu la concession, seul maître de la situation, il imposera ses conditions au producteur et au consommateur, à l'ouvrier et au maître de forges, et ses conditions seront des plus rigoureuses ; car, n'étant point attaché à nos pays par sa naissance, son avenir ou ses affections, il voudra tirer de nos mines le plus de bénéfices possibles en peu de temps, et une fois sa fortune faite, il disparaîtra, laissant à Rancié un vide immense, et au sein de nos familles deuil et misère. — Le maître de forges est donc intéressé, ainsi que le mineur lui-même, à mettre obstacle à la demande de M. Palotte. — Tous les avantages présents et à venir de l'industriel consistent à pouvoir traiter directement avec le mineur qui, étant seul propriétaire, a seul droit et intérêt à améliorer son exploitation, puisque sa vie, sa subsistance et celle de ses enfants dépendent exclusivement de la prospérité de l'industrie elle-même. Le maître de forges doit surtout s'opposer à la disparution du marché sur la place des mines, parce que, s'il est forcément obligé de s'adresser au seul entrepositaire du couloir, il n'a plus le choix de la marchandise, la faculté de débattre le prix, de compter sur les chances de hausse ou de baisse, d'avoir du terme pour les payements ; il n'y aura plus de crédit, et on ne jouira d'aucune liberté commerciale.

Voilà, Monsieur, quelques-uns des inconvénients qu'entraîneront fatalement le projet de couloir et la concession accordée à M. Palotte. — Voudrez-vous sacrifier à la cupidité de quelques spéculateurs étrangers, les intérêts de toute une population de mineurs et de maîtres de forges ?

On nous dit que les besoins de l'industrie exigent des modifications à l'exploitation actuelle, que le prix de revient du minerai doit être diminué ?

Mais les mineurs demandent eux-mêmes ces améliorations, et ils sont disposés à toutes sortes de sacrifices pour les favoriser. Que les industriels, que les maîtres de forges s'adressent directement aux concessionnaires, qu'ils consultent les hommes sages et éclairés du pays, qu'ils ne partagent pas les idées bizarres et capricieuses de quelques ingénieurs qui ne connaissant point nos désirs, froissent nos intérêts.

Veut on une diminution sur le prix du transport du minerai à Cabre ? Les mineurs, les muletiers veulent l'accorder, soit avec le régime actuel, avec la faculté illimitée du charriage, soit avec *la route carrossable* de Sem à Vicdessos, dont nous réclamons à grands cris l'étude et l'exécution. — Qu'on ne dise pas que cette étude est déjà faite, ce serait rappeler un projet qui n'est pas le même que celui que nous demandons.

Au moyen de cette route, le prix de revient du minerai sera le plus bas possible, et, dans tous les cas, la diminution sera la même qu'au moyen des plans inclinés. Les mineurs en prennent l'engagement formel : que veut-on de plus ?

Croirez-vous que l'opposition de cette foule immense qui pense, qui raisonne, et, qui a besoin de travailler pour vivre, soit fictive ou systématique ? Croirez-vous que les mineurs préfèrent fermer leurs chantiers, abandonner leur pays, et se rendre misérables plutôt que de diminuer le prix de leur marchandise, de modifier leurs moyens de transport pour encourager les maîtres de forges, sans le secours desquels l'exploitation des mines devient inutile ? Est-ce qu'il n'y a pas solidarité d'intérêts entre le propriétaire qui vend le minerai et l'industriel qui l'emploie ?

Si donc notre opposition au couloir est opiniâtre, c'est parce qu'elle est fondée ; nous ne repoussons que les innovations dont les résultats sont problématiques, et nous présentons au contraire un projet dont les conséquences sont certaines, comme tout le monde peut en juger :

On nous présente un *couloir* qui conduit au monopole ; nous offrons une *route carrossable* qui concilie tous les intérêts, en laissant à tous la liberté. — M. Palotte promet une baisse dans le prix de revient, dont lui seul veut profiter ; nous promettons, avec plus de garanties que lui, une baisse au moins égale sinon plus considérable. Dans cette situation, notre projet ne doit-il pas avoir vos préférences ? Ne donnerez-vous point un avis favorable sur la route carrossable ? — Ce projet est à la convenance des propriétaires de la mine ; ils la demandent, ils veulent l'exécuter à leurs frais. — Ensuite, ce projet ne nuit aux droits de personne : le marché existera sur la place des mines ; la liberté sera la même pour tous et sans préférence pour M. Palotte ; les moyens et le choix des transports seront facultatifs ; les transactions ne seront pas anéanties par le monopole et l'accaparement ; les intérêts des mineurs et du maître de forges se concilieront et s'équilibreront dans leurs relations presque fraternelles, et ces relations deviendront plus faciles et plus directes, puisque les charrettes du maître de forges pourront charger le minerai sur les chantiers d'extraction, et s'assurer de la bonne qualité. Enfin, avec la route, le mineur conserve son indépendance de propriétaire et son initiative. Il sera heureux, dans ses rudes travaux, parce qu'il travaillera pour lui et chez lui.

En résumé, nous avons confiance, Monsieur, que vous apprécierez les observations consignées sur le registre de l'Enquête, en homme de bien et de justice. — En faisant appel à votre droiture, les mineurs de Rancié attendront votre décision avec calme, certains d'ailleurs, que vous ne voudrez pas que vos compatriotes et amis de la montagne, en prononçant votre nom et l'apprenant à leurs enfants, ajoutent : » Il fut la cause de nos malheurs et de notre infortune ! »

Vous déclarerez donc le projet *des plans inclinés d'inutilité publique,* et vous vous associerez à nos vœux pour donner un avis favorable au projet de *route carrossable* de Sem à Vicdessos.

Dans cet espoir, nous vous prions de recevoir, d'avance, pour nous et pour tous les mineurs de nos villages, dont nous sommes les interprètes, l'expression de notre reconnaissance. Ont signé :

Conseil municipal de Sem.	*Conseil municipal de Goulier-Olbier.*
Bernard Delcurrou.	Moundétou Galy.
Jean-Baptiste Rouzaud.	Jean Séguélas.
Vincent Rouzaud.	Luc Barbe.
Nicolas Rouzaud.	Léro Lanton.
Raymond Rouzaud.	Jean Nan.
Hippolyte Delcurrou.	Baptiste Augé.

22e Protestation.

Je soussigné, Raymond Barbe, propriétaire et négociant, habitant de Vicdessos (Ariége), déclare, aujourd'hui comme dans la première enquête de 1862, protester contre l'établissement du plan incliné de Rancié à Vicdessos, conçu et proposé par l'administration des mines, et contre la concession sollicitée par

MM. Palotte père et fils et par M. Durozey, d'une voie ferrée qui serait exécutée à leurs frais, risques et périls, comme n'ayant pas l'approbation préalablement nécessaire des communes concessionnaires.

Je déclare agir en ma qualité de concessionnaire des mines de Rancié, en vertu des titres les plus solennels et les plus authentiques, et notamment des Chartes :

De Roger-Bernard, comte de Foix, qui en 1272 accorde et octroie à jamais à toute la génération présente ou future de la vallée de Vicdessos, les mines de fer de Rancié ;

De Gaston, comte de Foix, qui les ratifia en ces termes : « Nous » donnons et accordons aux *consuls* et à toute la généralité, *à* » *tous et à chacun des habitants* de la dite vallée, et leurs succes- » seurs à perpétuité, etc. — Sans aucune redevance de *leude ou* » *de péage*, etc. — Voulant que les *consuls*, de concert et *solidai-* » *rement* avec notre *bailli*, exercent les pouvoirs dans la dite » Vallée, etc. — Renonçant expressément à toute *exception* et tout » *privilége* établi et accordé à qui que ce soit, ou *qu'on pourrait* » *accorder*, etc. — Que la concession ou donation par nous faite » aux dits habitants ne puisse jamais être *affaiblie ou enfreinte* » en tout ou en partie et en aucune manière ; »

De la transaction du 17 janvier 1355, entre Raymond d'Albi et les consuls et habitants de la Vallée, où il est dit : « Que le comte » de Foix, ni ses successeurs, ne pourraient donner de permis- » sion aux *étrangers* ni même à aucune *personne de sa maison*, » pour venir prendre la mine au dit minier de Sem. »

Du réglement du 7 août 1414, qui déclare : « 1° Que les baillis » et consuls de Vicdessos nommeraient quatre prud'hommes ou » jurats pour veiller à l'exploitation et à la place des miniers, et » rendre compte aux consuls des contraventions ; 2° que les » habitants de la vallée qui voudront acheter de la mine, auraient » la préférence au minier, pourvu néanmoins qu'ils ne fissent » point de monopole ni de société entre eux. »

De l'ordonnance royale du 31 mai 1833, qui reconnaît et confirme la jouissance *exclusive* et non interrompue depuis plusieurs siècles en faveur *des habitants* des communes, et qui déclare : 1° Que les lois du 24 juillet 1791 et du 21 avril 1810 n'ont apporté aucun changement à cette jouissance ; et 2° que l'exploitation *continuera* d'avoir lieu *suivant les usages locaux*, etc.

Vu ces titres, qui établissent que les habitants de la vallée de Vicdessos ont eu de tout temps, et à bon droit, la jouissance des mines de fer de Rancié d'une manière exclusive et absolue ; qu'ils y ont réglementé l'exploitation par les consuls d'abord et par les maires ensuite, comme délégués de M. le Préfet ;

Que le règlement de 1833, arrêté et mis en vigueur sans le consentement des communes, consacre seul des empiétements sur les droits des propriétaires, qu'il tend à confisquer d'une manière progressive au profit des ingénieurs, contrairement aux termes et à l'esprit du règlement du 7 août 1414, article 1er ; comme le prouve évidemment le projet actuel, qui, par les conditions onéreuses qu'il impose, sacrifie la propriété des communes à l'ambition d'une société étrangère, et substitue l'intérêt privé à l'intérêt général ;

Considérant qu'une voie ferrée, construite au profit de MM. Palotte et Durozey, avec privilége de vente, et mise, sitôt son achèvement, à la libre et entière disposition de l'administration des mines, selon la lettre de M. le ministre des travaux publics, en date du 22 mars dernier, constituerait un véritable monopole contraire aux lois et au règlement de 1414, qui veut que les habitants aient la préférence au minier, pourvu qu'ils ne fassent point *de monopole* ni de société entre eux ;

Que la réserve faite par MM. Palotte et Durozey et répétée plusieurs fois dans toutes leurs lettres, que le minerai leur sera livré pour une quantité triple de l'extraction actuelle et avant tous autres consommateurs ou demandeurs, démontre assez clairement, que leur projet est une spéculation émanant moins d'un sentiment de philanthropie que d'un désir de cupidité, et ne pouvant que tourner au détriment d'une sage liberté et au préjudice des intérêts de la Vallée concessionnaire ; cas prévu par la charte de Gaston, qui déclare renoncer, en faveur des habitants, à tout privilége accordé à qui que ce soit, ou *qu'on pourrait accorder* ;

Considérant que nos pères se sont montrés jaloux de maintenir l'intégrité des concessions qui leur ont été faites ; qu'ils ont rejeté, en 1808, la demande d'un des notables de la commune de Vicdessos, quoique concessionnaire des mines de Rancié, parce qu'il voulait avoir le monopole du commerce de la mine ; que M. Palotte, lui-même, qui connaît trop bien les bons résultats d'une libre concurrence, se rangerait au nombre des opposants, si tout autre industriel se présentait pour demander le monopole qu'il sollicite : induction qui ressort naturellement de la rupture de son traité avec M. Bergay, par l'offre qu'avaient faite tous les magasiniers de Cabre, de livrer le minerai au rabais ;

Considérant que les plans gigantesques de la voie ferrée, présentés par M. Mussy et dont le devis s'élevera au chiffre effrayant de 200 à 300 mille francs, sont bien différents du projet de M. Jackson, projet élaboré par M. de Cizancourt, et dont l'exécution ne dépasserait pas la somme de 60 à 80 mille francs ; projet que les concessionnaires sincèrement dévoués au bien de la Vallée, ont accueilli avec la plus vive sympathie, en cédant à l'amiable le terrain nécessaire et devenant les actionnaires de M. Jackson, et que les mineurs eux-mêmes auraient favorisé au prix de plus grands sacrifices ; en quoi les uns et les autres ne se montraient ni rétrogrades, ni ennemis du progrès, mais donnaient au contraire des preuves non équivoques de capacité, non moins que de dévouement aux vrais intérêts du pays, parce qu'ils avaient et pouvaient avoir confiance en M. Jackson, qui, en industriel aussi honnête qu'intelligent, venait dans le dessein de construire des hauts-fourneaux dans la Vallée même, offrait un écoulement durable au minerai, et ne demandait en retour, qu'un simple couloir, sans monopole. pour alimenter ses usines ; projet enfin, dont MM. les ingénieurs seuls, criant à tort, au monopole Jackson, ont d'abord retardé et puis enrayé l'exécution.

Considérant qu'on ne pouvait concevoir un projet plus funeste à la Vallée que le projet de M. Mussy, et que ce n'est qu'en désespoir de cause et après avoir essayé vainement de tous les moyens, qu'on est parvenu à l'enfanter ; que ce projet ne laisse au concessionnaire que le devoir d'une soumission aveugle et absolue ; qu'il compromet gravement notre industrie, l'avenir des mines, et réduit le propriétaire au simple rôle d'ouvrier, ce qui est une anomalie désastreuse, et une véritable source d'abus, d'agitation et de désordre ;

Considérant en outre que, lorsque M. Mussy fit les premières ouvertures de son projet à MM. les Maires de la Vallée, dans son cabinet particulier, en février 1860, M. Mussy accompagna cette importante communication, d'un bon nombre de promesses, dont il est aisé de comprendre le sens et la valeur : telles que, une part active dans l'administration des mines, un revenu annuel pouvant varier entre trois ou quatre mille francs, l'exécution du plan au nom des concessionnaires, une avance de fonds faite par l'Etat, etc., etc.. .., sans autre inconvénient grave que les auteurs du projet l'exécuteraient eux-mêmes et demeureraient seuls maîtres de la position, tout devant se faire au nom des concessionnaires, mais en dehors de leur concours sérieux et réel ;

Considérant que MM. les maires de la vallée ayant répondu à cette communication plus officieuse qu'officielle, qu'il y avait lieu, vu l'importance de la question, de ne se prononcer qu'après mûre délibération et l'avis préalable de leurs communes respectives, qu'ils avaient le devoir d'éclairer sur le projet de M. Mussy et celui de M. Jackson, afin qu'elles pussent les comparer ensemble et fixer leur choix avec connaissance de cause ; et qu'ils ne se résignèrent enfin à donner leur adhésion au projet de M. Mussy, qu'à regret et seulement après cette injonction menaçante de M. Mussy lui-même : « Il me faut votre signature aujourd'hui même, et si » vous me la refusez, je ferai tout aussi bien sans vous ; les plans » sont arrêtés ; ils s'exécuteront, malgré toutes les oppositions, » comme si le droit devait fléchir devant la menace, comme si la violence pouvait prescrire contre lui, et qu'un pays, fort de ce droit, pût jamais perdre la confiance de le faire prévaloir un jour et de triompher de tous les obstacles, dùt-il y engager sa propriété tout entière ; quoi qu'en pense un certain maire, qui disait naguère à ses administrés qu'il fallait toujours approuver les projets de l'administration ; ce qui rendrait les enquêtes inutiles, si l'on devait en effet passer outre, malgré nos protestations ; et nonobstant les bonnes intentions de M. l'ingénieur, qui tient à prouver une fois de plus qu'il sait faire *le bien* des propriétaires de la mine, *malgré les propriétaires eux-mêmes*, comme je le disais à M. Vène, ingénieur en chef, dans ma lettre en date du 14 décembre 1862 ;

Considérant que les vœux des concessionnaires sont presque unanimes ; que tous les habitants de la Vallée n'ont pu se rendre à Viedessos pour déposer leurs réclamations sur le registre de l'enquête, retenus qu'ils étaient par un surcroît de travail agricole, survenu après un hiver long et rigoureux qui a tout retardé ; que le silence des ouvriers de la campagne peut être regardé, dans le cas présent, sans crainte d'erreur, comme une haute protestation contre la demande de M. Palotte ; qu'il n'y a pas une seule délibération qui lui soit favorable, et que celle de Viedessos, qui remonte à 1862, et dont il rappelle avec complaisance l'effet moral, dans sa lettre en date du 9 mars, ne peut, en aucun cas, être invoquée en faveur de son projet, parce qu'elle a été prise dans des circonstances bien différentes et avec des conditions de bénéfices qui n'existent pas dans le projet combattu, puisqu'il crée un monopole, au profit seul d'une société étrangère, et qu'il substitue à l'intérêt général de la Vallée et même de l'industrie, l'intérêt particulier de MM. Palotte et Durozey ;

Considérant que la mésintelligence, qui règne entre le pays et l'administration, provient de l'organisation actuelle, et qu'elle est une entrave au progrès ; que le règlement de 1833 n'est plus en harmonie avec les besoins du temps ; que son application est funeste au pays ; que les droits imprescriptibles du propriétaire y ont fait place à l'autorité arbitraire de l'ingénieur, qui connaît mal les habitants, froisse ses intérêts, et n'a aucun titre à la propriété ;

Considérant que la commission d'enquête, prise en dehors de la Vallée, est sans mandat direct ; qu'elle ne peut disposer d'un bien qui ne lui appartient pas ; que ses membres paraissent intéressés, comme maîtres de forges, à l'exécution du projet, dans l'espoir d'un gain que le monopole rend au reste fort problématique ; que cette commission ne peut avoir une connaissance assez exacte des vœux des concessionnaires, et qu'elle est exposée à léser involontairement leurs droits et leurs priviléges ; que les véritables intéressés se croient aussi capables que les étrangers d'apprécier et d'exécuter n'importe quel projet, pour divers motifs et surtout à cause de l'économie des travaux exécutés par les propriétaires ; et qu'ils ne consentiront jamais à laisser changer le mode de transport du minerai par MM. Palotte et Durozey, ou par tout autre étranger au pays, dussent tous les travaux nécessaires être exécutés à leurs frais, risques et périls et sans condition de monopole, parce que nos Chartes nous accordent sur eux des droits incontestables, auxquels nous n'entendons pas renoncer ;

Attendu qu'on n'a pas fait appel aux communes concessionnaires, sur l'opportunité de la demande de concession de MM. Palotte et Durozey ; que ces communes ont aussi proposé l'étude sérieuse de projets plus économiques, et déclaré vouloir adopter toute amélioration, toute réforme reconnue nécessaire ou utile dans l'intérêt de l'industrie et de la Vallée, à la condition expresse de les exécuter elles-mêmes et à leur profit, et de donner toujours aux habitants la préférence sur les étrangers, préférence que leur accorde le Règlement du 7 août 1414 ;

Que, pour prendre les mesures nécessaires, pour en faire l'objet d'une proposition spéciale et sérieuse, pour délibérer enfin sur le mode d'améliorer le transport du minerai, les huit communes concessionnaires n'ont pas assez d'autorité ni d'initiative ; que, pour faire revivre l'ancienne prospérité de nos mines, il faut nécessairement revenir à nos anciens *usages locaux*, dont parle l'ordonnance de 1835; que l'organisation d'une commission syndicale, sollicitée à diverses reprises par les Conseils municipaux de Sem et de Goulier, est la seule et unique solution possible, d'une bonne et durable conciliation;

Attendu que le syndicat est un droit résultant : 1° de nos anciennes franchises qu'ont exercées d'abord les consuls, institués par Gaston, comte de Foix, dans la vallée de Vicdessos; 2° des termes formels de la loi du 18 juillet 1837, qui dit, article 70 : « Lorsque plusieurs communes possèdent des biens ou des droits » par indivis, une ordonnance du Roi instituera, si une d'elles le » réclame, une commission syndicale, composée de délégués des » Conseils municipaux des communes intéressées; »

Attendu que le syndicat sera un bienfait pour les concessionnaires, et offrira des garanties sérieuses à l'industrie et à l'administration;

Par ces motifs, et après avoir vivement sollicité les membres de la commission d'examiner avec une scrupuleuse attention les motifs sérieux de cette enquête, je vote, de bonne foi et avec une conviction intime :

1° Pour le rejet de la demande de concession faite par MM. Palotte père et fils et par M. Durozey;

2° Pour l'organisation immédiate du syndicat;

3° Pour la révision complète du Règlement de 1833;

4° Pour la réduction du rôle des ingénieurs à la surveillance des travaux;

5° Enfin, pour le changement de M. Mussy, ingénieur à Vicdessos, et celui de M. Rouzaud, conducteur des travaux, à Sem, que je sollicite comme moyen unique de ramener la paix et le tranquillité parmi nous.

Vicdessos, le 30 avril 1865. R. Barbe.

Nota. Le nombre des protestations consignées sur les registres de Vicdessos et de Foix s'élève à plus de *mille*. En présence de cette *unanimité*, de la qualité des signataires, et de l'énergie de leurs écrits, M. le Maire de Vicdessos peut compter, à son aise, le *silence* des *absents comme* un *vote affirmatif*.

DÉLIBÉRATIONS

DES CONSEILS MUNICIPAUX DES COMMUNES CONCESSIONNAIRES

POUR DEMANDER L'ORGANISATION D'UNE COMMISSION SYNDICALE.

NOTA. — Depuis longues années et spécialement depuis 1861, les conseils municipaux des communes concessionnaires des mines se sont occupés, dans leurs diverses réunions de la demande d'un syndicat et du rejet du couloir. Si l'on voulait réunir ces nombreuses délibérations, un volume suffirait à peine pour les contenir. C'est pourquoi nous nous bornons à publier l'une des dernières parmi celles qui ont été votées par les conseils municipaux des communes de Sem et Goulier-Olbier, dans la session de février 1864. — Néanmoins, il faut remarquer et retenir que les mêmes conseils ont délibéré, à l'unanimité, dans le même sens et pour le même but, dans les sessions de février 1862, novembre 1862, février 1863, novembre 1863, février 1864, novembre 1864, février 1865 et mai 1865, en sorte que la demande de la commission syndicale a été renouvelée *huit fois* par les plus importantes communes !

Délibérations des conseils municipaux des communes de Sem et Goulier-Olbier, dans la session de février 1864.

Extrait des registres des délibérations du conseil municipal de la commune de Goulier-Olbier.

SÉANCE ORDINAIRE DE FÉVRIER 1864.

L'an mil huit cent soixante-quatre, le 14 du mois de février, à une heure du soir.

Le conseil municipal de la commune de Goulier-Olbier, assemblé au lieu ordinaire de ses séances, sous la présidence de M. le Maire, pour la tenue de la session ordinaire de février et ensuite de la convocation faite par M. le Maire, le 11 février.

Présents : MM. Augé (Antoine), maire ; Augé (Baptiste), Pech (Jean-Alexis), Dandine, adjoint, Nan (Jean), Barbe (Luc), Léro (Joseph), Malapeyre (Pierre).

Absents : Barbe (Antoine), Séguelas (Jean), Galy (Jean), Augé (Jean-Joseph).

Les conseillers présents, formant la majorité des membres en exercice, il a été, conformément à l'article 19 de la loi du 5 mai 1855, procédé à la nomination d'un secrétaire pris dans le sein du conseil. M. Augé, ayant obtenu, au scrutin, la majorité des suffrages, a été désigné pour remplir ces fonctions qu'il a acceptées.

Le conseil ainsi constitué, M. le président a ouvert la séance et a dit que le conseil avait à délibérer sur tous les objets qui pourraient intéresser la commune. M. Augé, ayant demandé la parole, a rappelé au conseil qu'une délibération avait été prise dans les deux sessions de février 1862 et 1863, pour demander l'organisation d'un syndicat pour administrer la propriété indivise des mines de Rancié, conformément aux articles 70 et suivants de la loi du 18 juillet 1837, mais qu'on n'avait donné encore aucune suite à ces demandes.

En conséquence, il invite le conseil à exprimer de nouveau ses vœux et son avis sur ce point.

Plusieurs membres reconnaissent que la commission syndicale est réclamée par les divers habitants de la commune comme un bienfait et un droit, et la question est soumise à une nouvelle discussion.

Le conseil, après des explications soutenues de patr et d'autre :

« Considérant que les mines de fer de Rancié sont la propriété » exclusive des huit communes concessionnaires formant l'an- » cienne vallée de Vicdessos, et dont la nôtre fait partie ; que cette » propriété est indivise entre lesdites communes et qu'elle n'est gérée » ni surveillée par aucun conseil spécial d'administration com- » munale ;

» Considérant que les communes, qui possèdent des biens ou » des droits par indivis, sont en droit de demander l'organisation » d'une commission syndicale, aux termes des art. 70 et suivants » de la loi du 18 juillet 1837 ;

» DÉLIBÈRE à la majorité et demande l'organisation immédiate » d'une commission syndicale pour l'administration et la gestion » de la propriété communale indivise des mines de Rancié, et ce, » conformément au titre VII de la loi du 18 juillet 1837.

» Le conseil invite M. le Maire à se pourvoir immédiatement » auprès de M. le Préfet, pour obtenir l'organisation du syndicat. »

Toutes les matières soumises à la délibération étant épuisées, le procès-verbal a été clos; après lecture faite, les membres ont signé, et le président a levé la séance.

Pour copie conforme :

Le maire, Augé.

COMMUNE DE SEM.

Délibération du 15 février 1864, conçue dans des termes semblables aux précédents.

« Considérant, etc.

» Le Conseil municipal de la commune de Sem demande l'organisation immédiate d'une commission syndicale pour l'administration et la gestion de la propriété communale indivise des mines de Rancié, et ce, conformément au titre VII de la loi du 18 juillet 1837.

» Le Conseil municipal invite M. le président à faire toutes les démarches nécessaires auprès de l'autorité supérieure, pour qu'il soit donné à cette demande telle suite que de droit. »

Le procès-verbal a été clos après lecture faite, et ont signé les membres présents :

Bernard Delcurrou, Raymond Rouzaud, Hippolyte Delcurrou, Vincent Rouzaud, Nicolas Rouzaud, Jean-Baptiste Rouzaud.

Typ. de Bonnal et Gibrac, rue St-Rome, 44.

TABLE DES MATIÈRES

CONTENUES DANS CE RECUEIL.

PREMIÈRE PARTIE.

Chartes anciennes, Titres de propriété, Priviléges et Franchises de la vallée de Vicdessos.

(de la page 3 à la page 40)

DEUXIÈME PARTIE.

Règlements anciens et nouveaux pour l'exploitation des mines de fer de Rancié et Ordonnance de concession, du 31 mai 1833.

(De la page 41 à la page 101).

TROISIÈME PARTIE.

Enquêtes, observations et protestations des mineurs, des habitants des communes concessionnaires et délibérations des Conseils municipaux, contre le projet de COULOIR ou PLAN INCLINÉ.

(De la page 103 à la page 222).

Enquête d'utilité publique de 1862.

Enquête d'utilité publique de 1865.

Toulouse. — Typ. de Bonnal et Gibrac, rue St-Rome.

www.ingramcontent.com/pod-product-compliance
Ingram Content Group UK Ltd.
Pitfield, Milton Keynes, MK11 3LW, UK
UKHW021135260726
13994UKWH00001B/150

9 782329 388946